大
方
sight

寻乡中国

林登的故事

林登（Brian Linden） 著

辛　露　译

中信出版集团｜北京

图书在版编目（CIP）数据

寻乡中国：林登的故事 /（美）林登著；辛露译
. —北京：中信出版社，2022.10
ISBN 978-7-5217-4108-7

I. ①寻… II. ①林… ②辛… III. ①林登—自传
IV. ① K837.125.78

中国版本图书馆 CIP 数据核字（2022）第 172009 号

寻乡中国：林登的故事
著者： ［美］林登
译者： 辛露
出版发行：中信出版集团股份有限公司
（北京市朝阳区惠新东街甲 4 号富盛大厦 2 座 邮编 100029）
承印者： 北京启航东方印刷有限公司

开本：880mm×1230mm 1/32 印张：10.25 字数：206 千字
版次：2022 年 10 月第 1 版 印次：2022 年 10 月第 1 次印刷
书号：ISBN 978–7–5217–4108–7
定价：78.00 元

目录

自序

种子

落地

生根

扎根

生长

自 序

> 艺术的功能在于更新人的感知。
> 我们对熟悉的事物视而不见。
> 作家唤醒熟悉的场景，
> 仿佛施了魔法，我们从中看到新的意义。
>
> ——阿娜伊斯·宁

2004年10月底的一天，天空飘着雨夹雪，我们全家离开威斯康星州的多尔县，计划先乘通勤飞机赶往芝加哥，再转乘长途客机飞往北京。母亲开车送我们去麦迪逊，泪水一直在她眼中打转。我们在机场紧紧相拥，将七个沉重的旅行袋搬上三辆行李车，里面装满了两个儿子在家学习一年所需的教材。

20个小时后，北京机场的到达大厅外，"的哥"们早已"虎视眈眈"地等待着前往市中心的乘客。他们对我们这个飞越重洋的外国家庭尤其感兴趣，卖力地将我们的一堆行李排列整齐。我不愿意讨价还价，直接同意了"的哥"的第一个报价，这让我的妻子瑾妮很不高兴。到酒店后，小男子汉们依然神经紧绷，我便带他们去了一家充满回忆的百货公司——老友谊商店，并请他们在附近一家万圣节主题的必胜客吃了晚餐。一名装扮成蜘蛛侠的年轻侍者招待了我们，把我们带到一处由"海盗"和"米妮老鼠"服务的餐位。"哇，爸爸，中国跟美国一样！"我的小儿子布莱斯（林源）说。小布莱斯（林源）当时并不知道，直到他和哥哥沙恩（林峰）第二年回美国探亲，他都没能再吃上西餐。瑾妮和我则很清楚接下来会发生的一切。搬到中国对我们俩来说就像回家——从1984年开始，我们在中国学习和工作了4年，然后回美国工作了15年——尽管对第二故乡充满深情，摆在我们面前的却不是一条阳关大道。

我们希望在中国创造一种全新的事物：一个可以真正成为文化和知识交流载体的文化中心，一处阿卡迪亚[1]式的静修之所，能够让中外游客超越同质化的城市旅游体验，沉浸在丰富多样的中国传统文化和五千年的悠久历史之中。我们希望与当地人民一起，共建一种文化自豪感。我们充满理想主义的信念与激情，这或许有些天真。在搬到中国之前，我们还无法向家人和朋友清晰地描绘这幅愿景，自己也不确定具体的细节。在接下来的两年中，我们为寻找第一个落脚点探访过许多村落。旅途中用家庭教育的方式抚养两个孩子，在中国中部的稻田里，在丝绸之路的沙漠中，在雪域高原的喜马拉雅山脉上。

1　阿卡迪亚：希腊二级行政区，位于伯罗奔尼撒半岛，现被西方国家广泛用作地名，引申为"世外桃源"。——译者注

我们上一回长驻中国是20世纪80年代，自那之后中国发生了翻天覆地的变化，取得了前所未有的经济进步。这一切体现在数字上是惊人的。从2000年到2010年，有超过90万座村庄消失。从2008年到2010年，中国建筑商使用的水泥量比美国整个20世纪还要多。20世纪80年代，中国农村人口占全国总人口的80%，而如今这个比例已下降至不足40%[1]，堪称人类历史上最大规模的人口迁移。在这些变化中，中国自改革开放后快速发展了旅游业，国内游客开始热情地探索。为争夺游客资源，各旅游景区之间的竞争日益升温，各省、市、县的旅游财政收入攀比也日趋激烈。热门风景名胜区迅速发展，很快就难以容纳所有兴致勃勃的游客。游人排起长队，垃圾逐渐堆积，更不用说无处不在的临时收费设施。

我和瑾妮意识到，某些经济发展的代价是文化传统的消失、社会隔阂的加剧，以及环境的日益恶化。西方建筑师所设计的千奇百怪的建筑，正不断改变着许多古城延续千年的文化内核。设计越是浮华，对城市规划者就越有吸引力。中国成了建筑师们的实验场，不管他们的计划是否适合当地环境。在飞速奔向繁荣的过程中，中国也冒着摧毁自身特色的风险。

我们希望建立一种以尊重当地居民为本的新模式，尊重我们所处地区的文化和社会资源，并确保旅游业能够惠及当地社区。

1　根据"第七次人口普查"数据：居住城镇的人口为90 199万人，占63.89%；居住在乡村的人口为50 979万人，占36.11%。——作者注

我们决定，客栈必须以社区营造为重心。我们实践的成果就是"喜林苑"，位于中国西南边陲云南省的喜洲镇，植被繁茂的苍山脚下。"喜林苑"不仅是一个旅游景点，它还让游客重新关注乡村居民与乡土文化。我们的乡邻们可以保持原有的生活方式，而不必成为"工具"来迎合变化无常的消费者需求。

为实现这一愿景我们做了很多努力，随着早期的奋斗逐渐获得成功，我经常发现自己在为中国辩护，以对抗西方不友好的声音。他们中的许多人从未到访过中国，却对中国把持经济主导地位十分担忧，同时仅凭某些缺失背景和细节的新闻报道就否定整个国家。虽然我不是中国的辩护人，但我并不认同现代美国政治和新文化中的许多观点，特别是美国对于中国的态度。中美两国的每日新闻经常演变成相互批评和一地鸡毛的谩骂。我认为，在喧嚣的媒体闹剧中再增加一个不同声音没有任何益处。相反，我想要创造一些实实在在的东西，以身体力行的方式来影响他人，而不是仅用扩音器向家乡的同胞们宣传。我希望重塑民间外交关系，使两国人民之间的联系超越官方大使馆的专属权限，并为这个经常被西方误解的国家提供新的诠释。

正是这样的愿望使我回到中国，同时也继续激励我在这里的实践。

这就是我现在讲述自己的故事，以及我的第二故乡——中国故事的原因。

一尊面恶心善的守护神

> 如果上帝并不存在，那就有必要创造一个。
>
> ——伏尔泰

数千年前，神灵在人间游荡。天帝闲来无事，从云霄上俯瞰远古的大理山谷。作为道教众神中地位最尊贵的皇族，天帝主宰万物，享尽奢华，却越来越感到孤独。这种身居高处的寂寞让他难以忍受，于是他问侍从："众仙都在做什么？"一位侍从拨开云雾，向天帝解释道："众仙在大理的土地上乐而忘返。"侍从请天帝亲自查看，天帝俯瞰着苍翠富饶的山谷、连绵起伏的雪山和质朴纯净的洱海，即使是神也不得不承认，大理人民过着世外桃源般的幸福生活。侍从告诉天帝，他无法说服诸神重返天庭，因为众神认为大理才是真正的仙境。

天帝勃然大怒。毕竟他是天宫之主，怎能允许众神因一处凡间山水而忽视他的存在？侍从们认为，大理山谷太过迷人，只要大理依然存在，众神就不会返回天庭。唯一能让众神回归的方法便是摧毁大理。天帝想出了一个计划：让他属下最强壮、最英俊、最忠诚的天神带着一颗毒丸（瘟丸，可以引发瘟疫的毒丸）前往大理。只要把毒丸投入大理山谷的水系，大理地区所有生物都会被毒死。如此一来，众神别无选择，只能重返天庭。

抵达大理后，天神遇到了一位身背少年的老妇人。眼中所见使他和天帝更加迁怒于大理。

他嘲讽地质问老妇人，为什么要背着一个壮实的少年。神君认为少年应该帮助老妇人才对。他命令老太太将少年放下，让他自己走。老妇人望向神君，强忍住眼中的泪水，转头继续赶路。她的沉默不语更加激怒了天神，他取出毒丸准备把它投入湖中。

老妇人轻声低唱抚慰着背上的孩童，这萦绕不去的歌声令神君犹豫起来。老妇察觉出神的沉默，便向他讲述了下面的故事：这是我的孙子。孩子的父亲，也就是我的儿子，与孩子的母亲不久前都病死了。这孩子变得敏感内向，我能做的只是紧紧地抱着他，让他感到被需要、被关爱。我已是风烛残年，但我要尽一切努力帮我的孙子走出伤痛。我们生命中只有彼此，我宁愿自己承受痛苦，也要确保我的孙子拥有一个更美好的未来。

她的坚强打动了天神，他开始对她的悲伤感同身受。神君想，大理的迷人之处或许超出了有形的山水。由于不忍去执行天帝的任务，神君选择自己吞下了本来要毒害大理的毒丸。瞬间，这位英俊健硕的天神变得黧黑怪异。神君违背天帝旨意转而忠诚地守护大理地区，人们因他的自我牺牲和持续守护而永远崇敬他。

神君的名字是大黑天神摩诃迦罗（Mahakala）。他至今依然被供奉于大理地区的很多寺庙里，并被视为大理地区的守护神。虽然他的故事发生的时间和地点与我在芝加哥的故乡远隔千里，相距千年，但在我的新家——大理，大黑神的故事仍然广泛流传。他为这片土地所做的牺牲和奉献，每天都在激励着我们。

种子

01 勇气与希望

芝加哥一个辛克莱式[1]的阴沉天气，我开着货车驶离内环开往城市南部。在芝加哥大学附近的一条小巷里，我辗转找到了目的地。爬满常春藤的都铎车道对我的货车来说太过狭小，我只好把车停在一个街区之外，整理好自己的地毯清洁机，准备开始一天的工作。我推着这台60公斤重的设备，在海德公园凹凸不平的人行道上前行，并不清楚在接下来的几个小时里，我的生活将发生怎样巨大的改变。

一位白发苍苍的老人打开门，他戴着眼镜，身穿深棕色羊毛衫，热情地和我握手并迎我进屋。他的家闻起来有种与我祖母家相似的气息：满是回忆的薄荷药膏味，还有各式各样的喜姆娃娃[2]。前厅左侧挂着一幅精心装裱的世界地图，有整面墙大小。错落分布的牙签旗使地图呈现出不规则的凹凸感。一个凌乱的手提箱蜷缩在一把撑开的雨伞旁边，地上还有几双沾满泥土的鞋子。他让我脱掉靴子，把鞋和他的行李放在一起。

如同面对一屋子的狂热追随者，他指着地图高声说道："看

1　辛克莱式：辛克莱，美国现实主义小说家、社会活动家，以创作"揭发黑幕"的小说闻名。辛克莱式意苦闷的、黑暗的。——译者注
2　喜姆娃娃：原产于德国的可爱、脸蛋红润的瓷娃娃，流行于"二战"后。——译者注

来你注意到我的旅居地图了。所有的旗子都是我自己做的，也许对于一位教授来说有点业余，是吗？"我只是笑了笑……他用"旅居"这个词把我弄糊涂了，他的语气中有种法国式的招摇，我误以为他口中的博士是指"外科医生"。当他继续说下去的时候，我盯着地图，试图弄明白这和医生有什么关系。

"我今年68岁了，总共去过72个国家。我用牙签和美工纸做的旗子标示了它们。现在我更愿意花时间去追忆过去的旅行，而不是活在当下的现实中。"他的目光若有所思地扫过地图。

即使是我，一个从未踏足过美国境外的人，也带着钦佩的心情听着，虽然注意力难以抑制地被分散到楼下，那些等待我清洗的如丛林般粗重的地毯上。我讨厌清洁粗毛地毯。当我运行着机器走下楼梯时，那幅整面墙大小的世界地图便被我抛在脑后了。我将教授的橡木家具挪到一边，连拖带拽地把几加仑的脏水倒进一层浴室的下水道。我把家具和防水杯垫放回原位，然后在房间的另一侧重复同样的工作（这是我每天的日常，然后在祖母家洗个澡，再到芝加哥西北部上夜校）。我能够在不到两个小时内保量不保质地做完这一切。

老教授在楼下叫我，问我能不能到玄关帮他做点事。"我上周从中国回来，刚刚把这面用来标记地图的牙签旗做好。我想我应该先把行李箱收起来。"老教授顽皮地指着地板，那个"淹没"了我脏靴子的烂摊子说。"但在中国的旅行让我深受感动，"他边说边递给我一面红黄相间的牙签旗，"你能帮我把这面旗子标记插在北京附近吗？"

我晃着旗子，看着地图，懊恼地试图为自己的迟疑寻找借口。我指着亚洲大陆说："我知道它就在某个地方，只是不清楚它在哪里。"

教授的第一反应是难以置信。他无法确定我是否在开玩笑——这个年轻人真的不知道世界上人口最多的国家在哪里吗？带着明显的怜悯，他停顿了5秒钟，把手放在了地图上的中国南部，然后告诉我北京的位置比这里高14英寸。我伸手将这面旗子插在了一个当时毫无概念的地方，那里很快就会成为我的家。

"你喜欢绿茶吗？"他问道。"我发过誓，要用中国东道主送给我的茶来见证插旗仪式。"他说，"过来，一起喝一点。"虽然我从未喝过不带立顿商标的茶，但我猜想这一定是某种类似圣帕特里克节[1]的饮料，就像3月中旬自由流淌的绿色啤酒（还有绿色的芝加哥河）。

在接下来的30分钟里，我被教授所讲的关于中国的故事迷住了。这是我第一次与一位哲学博士进行交谈，也是我第一次真正意识到，自己与那些能在地图上识别出北京的人之间存在的知识鸿沟。我感到自卑，还有点沮丧，但也深受启发。

教授问我，是不是想一辈子都清洁地毯。我回答说，应该不是，但同时强调，考虑到我要半工半读才能读完社区大学和芝加哥通勤学校夜校的现实，我几乎别无选择。地毯清洁员、房屋

---

1 圣帕特里克节：爱尔兰传统节日，起源于5世纪末，如今成为爱尔兰的国庆节。圣帕特里克节的传统色为绿色。——译者注

油漆匠、加油站临时工、高尔夫俱乐部球童、古董家具修理工、女鞋售货员，这些都曾是我职业生涯的一部分，还不包括高中时期在杂货店每周工作30小时做理货勤杂工。很显然，能够在地图上标示出中国，从来不是这些职业所需要具备的知识。

教授用手指着我，鼓励我保持乐观："如果我是你，我会去国外看看，去探索世界。生命太短暂了，不能被一份工作，或者，对你来说，被许多份并不完全满意的工作所束缚。你应该放眼海外……甚至不妨考虑一下中国。"

这些话当时听起来是如此荒谬，在接下来的日子里却始终在我的脑海中萦绕不去，我越来越发现自己沉浸在白日梦中，幻想着超越当下局限的社交生活。然而，芝加哥就是我所知道的全部。我父母是在饱受酗酒、失业和忽视困扰的北欧家庭中长大的。他们不愿提及自身的成长经历（关于他们的成长经历，我知道的很少），只有一小部分令我印象深刻：赌博、离异、持刀搏斗，还有一场毁灭性的火灾，自那以后，我母亲总是要求我和妹妹凯伦把衣服架朝外挂，以防万一失火我们不得不把衣服扔出窗外。凯伦和我有幸避免了父母早年生活的困扰。尽管我们仍不时接到亲戚们关于自杀、吸毒、枪击和酒精中毒的求助电话。

我不知道我父亲是否读完了初中。他从未提起过他的童年。但我确实注意到他有阅读困难，这一缺点让他不得不以电话修理工的身份提前退休。我读初中的时候，他从电话线杆上意外摔落，自那以后，我开始发现家里有很多低年级自然拼读书籍和磁带。因为父亲无法再从事繁重的户外工作，伊利诺伊贝尔电话公司想把他调到办公室从事文职，但没有成功。事故发生后不到18个月，他就退休了，开始追寻他的真爱：古董与艺术品。我们搬到了芝加哥西北郊区一座需要重新修缮的老宅里，那是一幢有100年历史的维多利亚风格建筑。我们花了一年多的时间来修复它，并将后面的马车库房改造成了一个画廊。1977年，这所房子向公众开放。每周我们会去一到两次农场夜市拍卖会和跳蚤市场，寻找那些可以通过用心呵护和精心叙事来重新包装并估价的宝藏。

由于父亲有阅读困难，我和妹妹会在圣诞节和他生日时给他买书，那种图多字少的书籍。他需要视觉刺激来启发学习。他从其他经销商那里完善了自己的技能，他们会在我家画廊用数小时一起切磋经验，分享难以到手的珍玩的故事，就像扶手椅上的垂钓者哀叹就要上钩却又逃跑的鱼。父亲开着一辆老式福特F150皮卡车，带我们绕道去探访穷街陋巷里杂乱无章的古董店。这些中途停靠点通常会花上一整个下午的时间，迫使我要像柔术演员一样，和橡木盥洗柜、旧缝纫机或建筑石雕一起挤在皮卡车后舱的有限空间里。

周末去跳蚤市场时，我父母会逐个摊位逛一遍，试图了解各家的商品。跳蚤市场就是他们的图书馆，就如同青少年在网上冲浪，他们的注意力在难以计数的材质和历史间浮沉。他们是"周末考古学家"，旧货市场上满是灰尘的摊位就是他们的实验室。他们的热情极具感染力，我也从未失去过那种探索的激情。当我的父母外出"寻宝"时，我在杂乱的"地摊儿"中四处搜寻"珍品"棒球卡或连环画。回荡在我20世纪60年代周末的是棒球运动员和超级英雄的名字，而非柏拉图、康德抑或孔子。我会花几个小时，在破旧的鞋盒中仔细筛查卡片和漫画，在市场中寻找超级明星的纪念品。通常在日落之前，又冷又饿的我和父母会在我们家货车旁会合。我父母称这样的一天为"旧货淘宝日"。

林登的父亲唐·林登（Don Linden）在画廊

在我们回家的路上，母亲会分享她所学到的知识，比如古董摄影、韦奇伍德骨瓷，或者阿米什人的被子。偶尔的"失手"，要么是因为缺乏相关知识，要么是被"不良"卖家误导诱骗，都被当成"交学费"而忽略不计。旧货市场是他们的大学，她自豪地强调："没有人每次考试都拿 A。""我们从错误中学到的东西比从成功中学到的更多，"母亲在麦当劳或肯德基休息时会说，"下次我不会再犯同样的错误，希望你们也不会。"

到了晚上，父亲会拿着笔和纸回到他的躺椅上，为他们一天的收获感到骄傲。他会画出和他一起在房间里看《欢乐时光》或者小熊队比赛的人的素描，而母亲则会在厨房里"闲晃"，为家人做些甜食。带着在"旧货淘宝日"中收获的灵感，和在学习时光中得到的知识，他们安然进入了梦乡。

尽管父亲识字不多，但他还是在我的房间里放满了书，这些书都是他从当地图书馆淘汰的免费书箱中精心挑选的，以此来激励我。在工作日结束时，他会把他的小货车开进铺满碎石的车道，泊车声召唤我到后门迎接他。我会帮他提那些装满废弃"口袋书"的纸袋，这些书很多都没有封面，作者包括海明威、菲茨杰拉德、克里斯蒂和斯皮兰等。我把书一本一本地拆开，认真琢磨那些我从未听说过的书名和作者。有时候书的前几页被撕掉了，我只能通过看褶皱的书脊来辨认书名。在我父母专注于每日新闻时，我则会读出书的名字。他们偶尔会插话说"我看过马龙·白兰度演的那部电影"或者"我想丹尼·凯伊在那部电影里出演过"。我会擦去留在书本上和圆形橡木弓形爪餐桌上的灰尘，把书本带回自己的房间里。

到高三的时候，我已经有了数百本按国别分类的书，按字母顺序摆放在装牛奶的塑料箱里。这些塑料箱是我在附近便利店上夜班时快递公司送给我的，因为它们的把手破损了。

英国：勃朗特，狄更斯，莎士比亚，托尔金，伍尔夫；

法国：加缪，福楼拜，雨果，卢梭，萨特；

德国：歌德，格拉斯，黑塞，托马斯·曼；

俄罗斯：契诃夫，陀思妥耶夫斯基，纳博科夫，帕斯捷尔纳克，托尔斯泰，屠格涅夫。

我像收集棒球卡一样收集这些书。不同于马克·吐温所认为的"经典只是一本人人称赞却从未读过的书"，出于对父亲的尊重，我努力读完了每一本书。他花时间为我寻找这些书，我至少可以尝试读一读。

父亲看着我认真思索每一本书，他的骄傲显而易见。这是他让我接受更广博教育的朴素方式，也是他鼓励我追求更美好生活的不懈努力。尽管这些书中的许多内容过于深奥，让我在智识上感到沮丧，但这些经典作品仍然是我骄傲的源泉。它们历经岁月的沉淀，就像一张厄尼·班克斯[1]的棒球卡，可以随时与许多来我房间的访客分享。那些旧书散发出的陈旧书香仍然是我年少时最美好的回忆之一。

我父亲把他的一生都奉献给了我母亲和家庭，在经济困难的情况下，依然成功地抚育了我和妹妹。尽管如此，我一直知道他生活中存在某种缺憾。他父亲在他不到5岁时就离开了他们母子，他在芝加哥危险的街头长大，护佑他的不是关怀备至的父母，而是他6英尺3英寸的身高和120公斤的体重。朝鲜战争结束后，他在韩国生活了两年，却从未分享过关于那段经历的任何故事。那是他唯一一次出国经历。他回国时，还是个没受过教育

1　厄尼·班克斯（Ernie Banks）：1953—1971年芝加哥小熊队名人堂球员。——译者注

的年轻人，找了一份工作，让他能够承担起作为丈夫和父亲的责任。不过很明显，他在电话公司的职业生涯并不符合他的职业抱负。信心和财力的匮乏，以及对家庭的责任，总是让更远大的梦想难以实现。在我父亲的眼中，幻想是一种永恒的特征——它折射出那些本可以把他带到遥远国度和更符合他职业追求的道路。虽然他从未实现过这些梦想，但我的人生旅程是由父亲开启的，他对我的影响比我意识到的还要多。

由于经济拮据，我们家从来不讨论任何旅行话题。直至我高中毕业，家里都没有人坐过飞机，出国旅行似乎更是遥不可及。那个寒冷的秋日，在芝加哥大学这座象牙塔旁，我认真地听着那位教授的教诲。在我这个没受过教育的人听来，他说的可能是一门外语。回到现实中厚重的粗毛地毯前，我把自己的恐惧和不安感埋进了眼前的杂务中。

那天晚些时候，教授又拿着绿茶出现了。"芝加哥熊队和沃尔特·佩顿呢？"熟悉的感觉让我重拾信心，一瞬间我觉得自己又活力满满。"爱尔兰"茶的味道也突然变得好喝了。

一周后，我在郊区一家购物中心清洁地毯，路过沃尔顿书店时，我看到桌面上摆满了旅游指南。我打开的第一本书是《弗罗默旅行指南——一日25美元游欧洲》，我立刻被拉进了一个充满诱惑的世界：弗罗默的生活气息扑面而来，他的视野远远超越了我此刻的现实。

"那边有更多的旅游指南。"一个店员说道。我以为她是在开玩笑——怎么会有这么多旅游书呢？书店的后侧，呈现在我面前的是一整面墙、满满六个架子的旅行书籍，讲述那些似乎遥不可及的国家。我坐在地板上，把书一本接一本地拿下来，将它们围成一个圈，仔细读着那些我闻所未闻的国家。书中的世界就像玩具反斗城一样，我仿佛又回到了8岁，从来不知道世界原来那么大！3个小时后，店员告诉我要关店了，并请我"收拾好自己的烂摊子"，我才如梦初醒。

那天晚上，我在人生中的第一本旅行书《出发吧：欧洲》上挥霍了整夜的时光。一段探索和学习的旅程开始了。马塞尔·普鲁斯特曾经说过："真正的发现之旅不在于探寻新的风景，而在于拥有善于发现的眼睛。"我当时年轻、天真，没有受过良好的教育，正是一个有待拓宽新视野的完美火种。

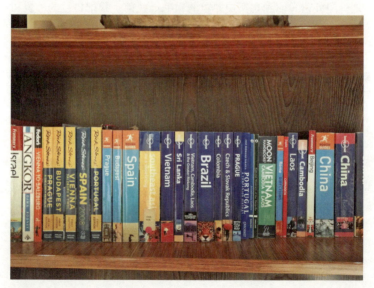

旅游图书指南

仙都寺本主庙，喜洲

大理的约拿

九层之台，起于垒土；千里之行，始于足下。

——《老子》

段赤城住在洱海边，是村里的一名石匠，他肌肉结实、身体健硕。当听到又有村民被洱海巨蟒吞噬的消息后，他再也无法压抑心中的怒火。

这些巨蟒威胁着洱海周边的村庄，每个在湖边洗澡、洗菜、打水的人都有可能遭受攻击。身形最巨大的蛇王，是个蛇身狮首的怪物。它生活在马耳峰山脚下，经常兴风作浪，使湖水上涨，危及洱海附近的农田和村舍。没有人敢与之对抗，哪怕是南诏国中最勇猛的将士。

赤城日思夜想，终于想出一个杀死怪物的办法。实施这个计划，赤城必死无疑，但如果成功，便将拯救大理地区的黎民百姓。赤城在当地的集市上买了几十把锋利的刀和一捆长绳。他尝试把这些刀缚在身上，很快他的腿、胸口、腹部和手臂上就都长满了"长刺"。这些利刃使他的动作变得笨拙和迟缓，赤城像一头受伤的剑龙，蹒跚地走到洱海岸边，跳进了湖里。蛇王听到动静，迅速游近在水面挣扎着的赤城。一瞬间，赤城就被怪物吞入腹中。赤城知道，只要他一息尚存时能使劲搅动，他周身的刀就会刺穿蛇的内脏和肌肤。他倾尽全力地搏斗，身上的刀开始发挥作用。蛇王痛苦地颤抖着，很快就死了。

大理人民听到巨蟒的咆哮，冲到湖边，迅速地把蛇王的尸体拖上岸。蛇王体内传来一阵低沉的隆隆声，村民们剖开了十米长的巨蟒尸体，发现了赤城的遗骸，他那些带血的尖刀，仍然固定在身体上。其他的巨蛇看到蛇王已死，便惊慌失措地向南逃窜至湄公河，从此再没有回过大理。

为了表示感激，大理人民把赤城葬在了马耳峰山脚下，并用巨蛇怪的骨灰建造了一座灵塔。这座39米高的千年宝塔屹立至今。如今，它被林立的公寓楼和一条现代高速公路环绕着。赤城的精神永远留存在"蛇骨塔"——这座以他的事迹命名的庙宇里。

02 为什么是中国？

每个人都有权为求生存背水一战。

——让-雅克·卢梭

为什么是中国？

1984年上半年，在我同意到北京学习中文之后，就不断听到这个问题。对全球化的世界而言，中国是一个后来者：一个由沉闷的群众构成的隐世之国。在沃尔顿书店的那个夜晚，我看到了数十本旅游书籍，但没有一本介绍中国。然而，不到一年后，我来到了这个我在地图上仍然无法定位的国家。为什么是中国？对于一个想要改变自己生活的年轻人来说，更恰当的问题应该是——为什么不是中国？

原本在东北伊利诺伊大学读夜校，政治科学系外有一间几乎被闲置的国际事务办公室。在和芝加哥大学老教授见面大约一个月后，我偶然瞥到这间办公室外公告板上挂着的一张海报。展板上布满了五颜六色的各国招生广告，赏心悦目的学生欢笑着嬉戏在异国他乡，每个国家都试图吸引更多目光。然而，其中有一张海报没有任何图片，只有简单的黑白文字信息，在展板上显得有些格格不入。

"留学中国——提供奖学金。"

海报的底部装饰着一打左右的窄纸条，就像一条完整的带着毛边的夏威夷草裙，上面标着姓名和电话号码。还没有人撕过纸条，但是因为之前与芝加哥大学教授有过关于中国的谈话，我对这个消息很感兴趣。我没有撕下海报上的纸条，而是把名字和电话号码抄进笔记本，然后继续去上课了。

自从前些日子迷失在沃尔顿书店旅游书籍的海洋中之后，我发现自己在上晚课时经常走神儿。我笔记本边缘的空白处以前写满了我最喜欢的球队和运动员的名字，现在却被一些遥远的城市所替代：布达佩斯、塔什干、曼谷和布宜诺斯艾利斯。它们只是我记到笔记本上的几十个目的地中的一小部分，但我梦想着有朝一日能亲身前往。

在准备考试期间，我偶然翻到了我笔记本上关于中国留学的信息。当时我和祖母一起住在芝加哥西北部，我请她同意我打一个长途电话。我们查了芝加哥黄页上的区号，发现是华盛顿特区的电话号码。因为要花长途话费，我告诉她我愿意接下来洗一周的碗。我们打电话给接线员寻求帮助，电话很快就接通了。

一位女士接听了电话："您好，这里是中国大使馆……请问有什么可以帮您？"

我惊异于她的声音如此清晰，仿佛从隔壁传来一样——那是一种现在的年轻人永远无法理解的奇妙感受。

"下午好，我是从芝加哥打来的，想咨询一下去北京的学习机会。"

我能听到她那边翻阅文件的声音，她问我是不是美国公民。

"是的，"我回答，"我出生在美国，从未离开过芝加哥。"

"你以前学过汉语吗？"

"没有，我不会说中文。"

"你去过中国吗？"

"没有，我从没去过中国。"

"你需要经济援助吗？"

"是的，我需要助学金。"

"你以前出国学习过吗？"

"没有，但我不害怕离开美国一年。"

这位女士解释说，中国教育部提供的奖学金足以支付中国一流的国际研究院——北京语言学院（即今北京语言大学）的学费和食宿费。她同意给我寄一份申请表。几个星期后，我忐忑不安地递交了申请。我以为中国不会对一个需要助学金的夜校生兼地毯清洁工感兴趣的。

芝加哥有史以来最冷的一个圣诞节就这样过去了，我满心担忧地思考5月份拿到学士学位后该做什么。没有钱也没有信心继续攻读研究生，我越来越接受这样一个事实：那就是我很可能会继续从事现在正在做的工作——清洁地毯——只不过花更多的时间去做而已。

1984年初，当我和祖母一起看《巴纳比·琼斯》的重播时来了一通电话，她费了好大劲才听懂。祖母把电话递给我，然后将注意力又转移到了巴迪·埃布森身上。我惊讶地发现，打来电话的女士正是几个月前跟我交谈过的那位中国大使馆的工作人员。她先是问我近来过得如何，然后自豪地邀请我到中国留学。我已经获得了奖学金，她想向我表示祝贺。

我很困惑，立刻问道："我是如何获得奖学金的？难道没有其他人申请吗？"她笑着说，他们收到了很多申请，大使馆最终选择了五名学生。

"你们为什么选择我？"我又问了一遍，"我只是一名普通的学生。你们确定选对人了吗？"

她被我的问题逗乐了，"布莱恩，我们选择你是因为你是一个劳动者，是无产阶级中的一分子。你可以从这个机会中获益最多。你的申请书（我将之称为《我为寻找美国梦而挣扎》）感动了使馆中的每个人。我们愿意给你一个机会，一个新的起点。"

挂断电话后，祖母问我电话是不是律师打来的。

"那位女士说的话我完全听不懂。"祖母很难听懂任何不带波兰口音的英语。

我告诉她中国政府给了我奖学金去北京学习。不安使她的神情黯淡下来，她说："哦，你不会去的，对吗？"

我看着闪烁不定的黑白电视屏说："我当然要去。"祖母神情复杂地转向"巴纳比"，无比怜惜地问我晚餐想吃什么。随后她呷着马天尼，一如既往地开始追剧。当时的我并没有意识到，祖母的这对外部世界的漠不关心，具象化了我最大的恐惧：沉溺并满足于平凡无趣的人生。那天晚上，我带着兴奋的微笑洗了餐盘；自那以后，笑容便再未从我的脸上消失。

1984年的中国是世界上最贫困的国家之一，人均国内生产总值不到300美元。按照世界银行《1984年世界发展报告》中的统计数据，95%的中国人生活在每天不足2美元的世界贫困线之下。美国则是当时世界上最富有的国家之一。然而中国大使馆却告诉我，他们将为一个需要帮助的美国青年提供教育资助。时至今日，这仍然是我收到的最贵重的礼物。尽管当时的我并不清楚无产阶级的确切含义，但我接受了这个邀请，并开始计划一段新的人生旅程。

李应将军雕塑

包容的南诏古国

李宓将军站在云弄峰的山崖边观察山势、地形。大理城位于云弄峰南麓，两侧峰峦叠嶂，毗邻洱海。对于一个王国（南诏国）来说，这里是一个完美的地点。40公里的肥沃土地，一直延伸至城北的土墙，这些土墙阻隔了李宓与他的战略目标。大理，一个天然的堡垒，此刻却正是这位唐朝将军计划摧毁的目标。

李宓的大军驻扎在一个狭窄的隘口。那里有山泉水汇注而成的茈碧湖，水向南流向大理国，湖水润泽着大理这片土地。当南印度板块与亚洲板块相撞时，地质活动形成了这片幽深的山谷。李宓当时计划沿之推进的山脉直到今日仍在继续增长。

大唐王朝的统治者唐玄宗十分关注大理地区日益壮大的势力及其与北方吐蕃王国的关系。在公元8世纪早期的数十年中，唐王朝的统治者一直设法让这两种力量相互制衡。尽管如此，关于大理地区统治者和吐蕃王国统治者可能结盟的传言仍然传到了长安，这迫使唐朝士大夫阶层派遣了一支由十余万精兵铁骑和辎重组成的唐军，试图接管大理政权。李宓认为，他能够不费吹灰之力就攻占洱海地区。

当时唐王朝正处于鼎盛时期，其首都长安是当时世界上规模最大、最国际化的都市。然而，李宓先期从湖上发起的进攻被南诏士兵和罕见的暴雨阻止了。肆虐的疟疾疫情更给唐军带来了数以万计的伤亡。

李宓将剩余的不到十万兵力撤退至太和城（大理旧城）北门外不到两公里的平坦地带。大理王（南诏国君）阁逻凤，早在李宓大军抵达之前就发现了他们，提前将自己的军队埋伏在城墙上，等待向唐军发起进攻。接下来的一天，李宓和他的唐军被南诏军队完全击溃，包括李宓在内的十余万官兵几乎全军覆没。只有少数幸存的残兵败将蹒跚北上，逃回唐朝统治的疆域，向朝廷报告了这场惨烈的战事。

　　五百年后，明朝的一位行政官员邓子龙在一首著名的诗中回忆了这场战役：

> 唐将南征以捷闻，
> 谁怜枯骨卧黄昏？
> 唯有苍山公道雪，
> 年年披白吊忠魂！

　　大理地区的人民并未夸耀这场战事的胜利，而是收殓了战死沙场的唐朝官兵的遗骸，并在"斜阳峰"山脚下建造了一座寺庙，以纪念死难者。他们将唐军将士的尸骨和李宓的遗骸一同安葬在这座寺庙里。直至今日，这座俗称为"将军庙"的本主庙神龛前仍香火不断，每逢庙会，成千上万的朝圣者会前往祭祀祈福。

03　通往中国的漫漫长路

我上过速读课，
20分钟就读完了《战争与和平》，
书中谈到了俄罗斯。

——伍迪·艾伦

在芝加哥一处卡尔·桑德堡[1]时期风格的低层建筑中，隐藏着一间不起眼的办公室。年久失修的奥的斯[2]勉强向低矮的天花板敞开，荧光灯忽明忽暗地闪烁着。在一间玻璃隔断的办公室中，有一位女士正趴在桌上睡觉。门上明晃晃地写着"英图里斯特旅游，欢迎光临"，却又隐约散发出一种"闭门谢客"的气场。

1984年，几乎很少有美国人去苏联旅游。莫斯科使得签证过程极其困难，苏联国际旅行社（Intourist）要求旅行者必须以高昂的价格提前安排好所有的住宿和交通。游客只能前往少数对

1　卡尔·桑德堡：19世纪末20世纪初生活和工作在芝加哥的著名小说家。——编者注
2　奥的斯：美国电梯品牌。——编者注

外国人开放的城市旅行观光，还必须有当地旅游向导的陪同。

在接受了去北京学习的机会后，我规划了前往中国的行程。奖学金给了我勇气，回到学校的国际办公室，我想看看有没有什么合适的暑期游学方案可以选择。中国项目的海报还挂在公告栏上，但底部少了三张纸条。我迅速浏览了几十份介绍欧洲昂贵交流项目的传单，所有这些在经济上都不具备可行性。

正准备放弃时，我偶然发现了一个波兰的项目。波兰政府为有波兰血统的学生提供暑期奖学金。我的祖母出生于波兰南部，是巴纳比·琼斯（Barnaby Jones）的影迷。我显然具备申请资格。

我准备好文件，把它们寄给了位于华盛顿特区的波兰大使馆。这个项目在克拉科夫大学举行，离我祖母出生的地方只有100公里。我不认为自己能得到这个机会，所以没有把申请的事告诉祖母。我祖母对波兰的所有评价都是负面的，而且由于社会主义国家面临经济困难，她仍然在给那边的亲戚寄美元。

申请后不到两周，我收到了录取通知书。项目将从6月开始，到8月中旬结束。我必须自己支付去波兰的路费，但其他所有费用均由项目奖学金承担。我面临的挑战是如何从波兰转道北京。因此，我在苏联国际旅行社办公室试图说服苏联政府同意我坐火车从华沙到明斯克，再经由莫斯科中转，最终抵达北京。我距离全新的生活只有这9—10天的路程了。

我推开办公室的门，久无人用的门发出了吱嘎的"呻吟"。那个女人没有动。她长长的头发飘散在满是西里尔字母文件的桌子上。一个小小的桌面铃，就像我在比萨店看到的服务铃那样，部分埋在她的发丝下。因为离她太近了（我不想惊醒她，以免我的签证申请在开始办理之前就被拒签），我决定等她小睡一会儿，于是转向玻璃墙边的宣传架，上面摆放着介绍苏联旅行的小宣传册。

我的预算只够我在苏联停留不到十天。我计划在莫斯科停留两晚，在伊尔库茨克停留一晚。我仔细阅读了材料，对每个目的地都感到越来越兴奋。

电梯门打开了，一位年长的妇女大步走向办公室。她见到我时一惊——一个潜在的顾客？！然后瞥了一眼趴在桌子上的那个女人。接着，她毫不客气地打开门——这声音把正在打盹的客服人员吓了一跳——同时带着一丝怀疑的微笑——"有什么可以帮你的吗？"

我花了三个多星期才说服那些女士们：是的，我想去苏联。不，我不是间谍（我甚至拍了一些我清洁地毯的宝丽来照片来证明自己是"良民"）。我又花了六个星期来办理签证。我把从西欧过境到东欧的日期安排在8月18日，并开始尽可能多地阅读关于苏联的资料。

美国和苏联正处于冷战时期。1983年3月，罗纳德·里根称苏联为"邪恶帝国"和"世界的邪恶轴心"。1983年8月，苏联击落了一架韩国民航飞机，造成269人死亡。我们与莫斯科的关系正处于历史最低点，我的家人和朋友们都认为我疯了才会跑去那个鬼地方：我可能很快会被扔进监狱，并且无处申冤。

8月17日那天，我透过铁丝网和水泥墙瞪着东柏林。当我倚靠在联邦德国一侧柏林墙上的观景台栏杆上时，民主德国警卫也用双筒望远镜盯着我。柏林墙的西侧到处都是五颜六色的涂鸦，和对苏联共产主义的愤怒抗议标语。在柏林墙东面，一片百米宽的空地上错落着监狱般的瞭望塔，数十条铁丝网纵横交错，里面驻扎着武装士兵。在柏林的最后一晚，这种阴郁的景象始终萦绕在我的梦中。

为确保敏感地区不会被拍照，边界过境需要在夜间进行。美国和联邦德国士兵驻守着查理检查哨的西柏林一侧。当他们看到我的行程时，对我露出好奇的微笑。其中一个开玩笑说："你知道即将面对的是什么吗？"另一个笑着说："当心你的蓝色牛仔裤。"我很快发现，在苏联，美国蓝色牛仔裤是一种"奢侈"的商品，一条二手牛仔裤的价格竟高达75美元。

我第一次穿越边境的经历非常糟糕。我被一位司机和一位不苟言笑的向导护送到了东柏林火车站，搭乘午夜的火车前往华沙。没有座位，我和其他几十名乘客一起被困在车厢之间的过道里。没有人会说英语，这一点我并不意外，但我惊讶地发现我的矿泉水、苏打水、水果和面包在火车离站前就不翼而飞了。周围的老妇人没有一个承认这起偷窃，我立刻意识到自己正身处一个完全不同的世界。

然而，我在波兰的六个星期过得太快了。我每天上午参加由天主教修女讲授的波兰语课程，下午我则与其他十个波兰裔美国人一起去参观历史遗迹。我们的第一次实地考察是前往南部约90分钟车程的奥斯维辛（Auschwitz）和比克瑙（Birkenau）集中营。母亲打电话告诉我，她的母亲、我的外祖母，在我旅行的前一天去世了。她一直是我们家族最强有力的亲情纽带之一,一个来自斯堪的纳维亚半岛善良的慈母形象,让人联想起美国前第一夫人芭芭拉·布什。我一直压抑着自己的悲伤,直到访问奥斯维辛的第二天。在集中营一个令人难忘的房间里,数以百计的死难者留下的鞋子一直堆到了天花板上。40年前在那里发生的惨绝人寰的屠杀让我痛不欲生,夹杂着对外祖母去世的悲伤情绪,我难以抑制地开始哭泣,几乎每个学生都流下了泪水。那天晚上,一些学生感谢我如此坦诚地分享自己的情感。外祖母的去世是我个人的伤痛,但那天我所了解到的暴行,永远地影响了我对人性的担忧。

一个星期后,某个炎热的下午,我们乘坐的巴士在捷克斯洛伐克和波兰之间的一条界河边停了下来。据推测,两国边界线应该位于宽约40米的河流中央的某个位置。任何一边都没有人能越过这条看不见的界线。然而就在这条河的中央,一条5米长的废弃水泥溢洪道突兀地露在水面上。

我同行的一个同学在哈佛大学读研究生——和他在一起会让我觉得自己更加聪明!他在波士顿大学读本科时曾打过橄榄球,体重应该超过125公斤。我和他游到了这个水泥岛并爬上了岛顶,只有5到6个捷克人从另一边爬上来。当捷克人试图把我们推下水时,我和朋友都很惊讶。因为无法与他们交流,我们不知道他们是生气还是玩游戏。我们假定是后者,于是爬上去与他们嬉戏。

有一个前橄榄球运动员加盟自己的战队十分有益,我们可以击退来自年轻人的攻击。起初是一次带有潜在威胁性的对抗,后来却变得有趣起来。我们互相挑战，一起潜水，在溢洪道上跳水，比赛看谁能溅起巨大的水花并赢得河两岸女孩们的喝彩。我们在那一小块水泥岛上待了一个多小时，甚至分不清我们是在波兰还是在捷克斯洛伐克。在离开这个小岛返回各自的国家前，我们相拥道别。这是我第一次真正体验到民间外交。

从华沙经明斯克前往莫斯科的旅程平淡无奇，而且体验很不舒服。我没有遇到会说英语的人，他们对我的态度也通常是不礼貌的敷衍。离开波兰两天后，我抵达了莫斯科，刚到的几天只能依靠吃面包和果酱过活。

林登在圣巴西尔大教堂前　1984

莫斯科卡斯姆斯酒店位于红场外。那是一座建于20世纪70年代的高层建筑，除了我住的这层，每层楼都有电梯。我不得不走下一层楼才能到达我的房间——即使它看起来好像并没有其他的入住客人。每层楼之间的楼梯都有一两级不等高的台阶。我拖行李回房间的时候绊了一跤，差点从楼梯上摔下去。我想象着前台员工在楼下大笑：苏联确保你不会感受到宾至如归！

酒店背面的每一层都有个小阳台，可以通向消防通道。因为不想晚上在街上闲逛，我花了两个小时坐在阳台上，俯瞰着莫斯科漆黑的街道，用手电筒阅读《罪与罚》。一个厚脸皮的警卫每隔15分钟就会打断我一次，发出一声闷哼，然后继续往前走。他一定是在确保我不会拍摄非法照片，或者计划从楼上一跃而下——假如我多待几天，后者的可能性会大得多。

我在莫斯科地铁里迷路了一整个下午。每一个站台都像巴洛克式的舞厅，等待着奏响巴赫的协奏曲。然而不协调的是，这些车站中挤满了不苟言笑的严肃面孔，被吞噬在阴郁单调的城市氛围中。我钻出莫斯科国立大学旁边的地铁口，那是一幢斯大林式生日蛋糕结构的建筑，坐落在莫斯科河畔。入口处有一个指向学生食堂的英文指示牌。除了最近吃的土豆和陈面包，我还渴望其他的食物。我试图从守卫学校入口的官员身边走过，令人惊讶的是，他们甚至都没有抬头看我。走了两百米后，我来到一个巨大的自助餐厅。因为不会说俄语，我转向一群亚洲学生寻求帮助，他们来自朝鲜半岛。我骄傲地告诉他们我父亲参加过朝鲜战争，他们笑着澄清说他们来自朝鲜民主主义人民共和国，这让我很困惑。直到后来我才意识到他们来自朝鲜而非韩国。我必须增加对这个世界的了解。

他们帮我点了餐，还付了账，这是我在苏联吃过最好的一顿饭。两个学生把我送回到地铁站，并告诉我在哪里下车。除了随身听里的一盒卡带之外，我几乎没有什么可以作为回报。他们很喜欢这个提议，不过讽刺的是，他们选择了布鲁斯·斯普林斯廷（Bruce Springsteen）的《生于美国》。这些朝鲜人是我在莫斯科遇到的最友好的人之一。

林登在西伯利亚火车上　1984

我们乘坐的横穿西伯利亚的火车厢里有四个卧铺，两块纤维板用螺栓高高地固定在对面的墙上。我和一对丹麦老夫妇、一个澳大利亚人住在一间包厢里。火车上有一个正常营业的餐车，餐桌上铺着带花边的亚麻桌布，但因为缺少面包、罗宋汤、土豆和茶等食物的点缀，这些桌子显得格格不入。

林登与列车员　1984

　　列车上的服务员是个丰满的年轻女人。她很少笑，但一两天之后，她对我的态度有明显好转。她邀请我和她一起坐在我们这节车厢尽头的小包厢里，给我看了一封她从上一位客人那里收到的来信。这封英文信对她赞不绝口，说他们非常感谢她的友谊。她等着我向她解释信的内容。我不会说俄语，只能笑着对她竖起大拇指。在接下来的5天里，肢体语言成为我们交流的主要方式。

到这周快结束的时候，我们客观地批评了我们各自的国家，从美国明星埃尔维斯·普雷斯利和麦当娜，再到《罪与罚》的主人公拉斯柯尔尼科夫和苏联制造的人造卫星。

第二天吃午饭的时候，列车正驶过欧亚传统地理分界线乌拉尔山脉，四个坐在我后面的年轻俄罗斯人要求加入我和澳大利亚室友的谈话。一个年轻人、一个英国学生，立即开始滔滔不绝地讲述厄普顿·辛克莱、理查德·赖特和威廉·福克纳书中所描述的国家对美国人民的剥削。他问我为什么我愿意生活在一个如此压迫本国人民的国家。我和其他美国人一样是种族主义者吗？美国是一个军事强权国家吗？美国的香肠是用人肉做的吗？（后面关于辛克莱的引述，直到几年后我读到他揭露食品工厂黑幕的非虚构作品《屠场》时才真正有所领悟。）

以前从来没人问过我这样的问题，我发现自己的反应是防御性的。我翻出从莫斯科酒店拿来的粗制滥造的英文小册子《真相——谁从关于苏联和阿富汗的谎言中获利》，告诉他们宣传册本身就是个谎言。美国是世界上最开放的社会之一，无需华盛顿特区的许可，我们就可以去任何地方旅行。但俄罗斯人几乎没有旅行的自由，也没有接触世界媒体的渠道，还有一个未经选举产生的政府（更不用说黑市上被炒到75美元一条的蓝色进口牛仔裤）。这场讨论以文明的方式持续了一个多小时。没有人生气，学生们还提出要带我去他们的最终目的地伊尔库茨克转转；第二天，我们还一起吃了一顿饭。然后一切都变了。

在新西伯利亚的一个车站，两名士兵来到我的车厢，让我把行李箱拿走，并把我护送到火车站破旧的铁路员工宿舍。宿舍管理员拿走了我的护照，我听到自己乘坐的那趟火车带着嘲弄和奚落的汽笛声驶离了车站。接待员用带着浓重口音的英式英语告诉我，由于签证问题，我将不得不在那里过夜。

俄罗斯官员从未解释过签证具体存在什么问题，尽管几天后当我从苏联过境进入蒙古时，类似的"问题"仍然在等待着我。精疲力竭的我没有反抗，就窝在房间里的一张小床上睡着了，屋里还有三个鼾声如雷的俄罗斯铁路工人。

第二天早上醒来，我发现登记处没有人，也没有关于我的护照和行程安排的信息。我绕着车站走了一圈，买了土豆和甜茶当早餐。似乎没有人注意过我的存在。

许多同事后来开玩笑说，在我逗留期间肯定一直有俄罗斯人在盯梢。尽管如此，我还是迫不及待地想找人寻求答案，但一直没有人搭理我。我仿佛是一个被监视的隐形人。

几个小时后，我离开车站，步行到著名的鄂毕河。新西伯利亚的存在要归功于横贯欧亚大陆的西伯利亚大铁路，它建于19世纪末，距离沿线最著名的桥梁之一只有几公里。看完那座桥，在街上逛了一圈后，我回到火车站，希望能再待一个晚上。

前一天的服务员看到我时很惊讶——难道她忘了她还没还

给我护照吗？她送我回到宿舍，惊讶地发现我的行李还在床下。她解释说我会搭乘当天晚上的火车，然后就消失了，直到我离开时都没再出现。我花了最后5个小时在车站周围徘徊，不停地踱着步，由于我当时身着怪异的沃尔特·佩顿34号球衣，吓坏了一些小贩。后来有人告诉我，只有囚犯的衣服上才会有数字。

10：30，两名警卫"护送"我重新登上一列火车，我被单独安置在一个四个铺位的车厢里，和我前一天的安排一样。

接下来的三天就如同单独监禁。没有人进入我的隔间，也没人跟我说话。8月28日，我以这样的方式度过了22岁生日，直到那天结束，我才发现自己一整天一句话也没有说过。

隔离，是对我与俄罗斯学生讨论的惩罚。当他们乘坐前一天晚上的火车继续向东旅行时，我却因为"签证问题"被带走了，并被安置在一个单人间里。当然，没有三个打呼噜的室友算不上什么惩罚，我在单间里独自品味了西伯利亚大草原的寂寥。

在新西伯利亚的那个夜晚，官员们要求我在原签证到期前离开苏联。当时的所有签证都注明了准确的入境和出境日期。他们不再允许我在伊尔库茨克停留两个晚上，这是火车开往两条不同路线的最后一站：一条路线向东开往符拉迪沃斯托克；另一条则是我的旅行路线，向南开往蒙古和中国。我失望地看着贝加尔湖从我的窗外经过，苏联国际旅行社从未退还我已支付的两晚在伊尔库茨克的高昂住宿费。

在苏联和蒙古的过境点，铁轨的轨距发生了改变。每节车厢都必须从俄罗斯的车轮上吊起，再放到蒙古规格的轨距车轮上。整个过程花了4到5个小时。警卫在午夜后抵达边境以北的一个小站。他们检查了我的行李，没收了我从莫斯科酒店拿走的两本杂志，还拿走了我的护照。

穿越西伯利亚的火车　1984

抵达边境后，他们又回到我的车厢，让我跟着他们去站台。在楼上的会议室里，一盏台灯孤零零地放在一张金属桌上。桌子后面，一个官员正在笔记本上潦草地写着什么。警卫把我带到那位陌生官员前方20米处，黑暗之中只有一把金属椅子。接下来的几个小时里，他一直没有抬头。我试着问他一个问题，他一听到我的声音就会抬起手，没有任何目光接触。他手臂的阴影投射到他身后数米高的墙上，笔紧紧攥在他的手中，看起来如同一道巨大的闪电，握在愤怒的众神之父宙斯手中。他知道我在那里，但拒绝理会我。与此同时，我听到屋外火车换轨的起落声，担心火车会再次抛下我远去。

经过3个小时不舒服的坐立不安后（部分原因是我的膀胱已经超负荷了），这位官员抬起头来，朝向我所置身的黑暗中说话。他的眼睛一直看向我的右侧——他看不见我——这使得他的话语更像是对我的一种羞辱。

"好了，你可以走了。"

他只说了这一句。一个警卫走过来从官员那里拿走了我的护照，让我跟着他回到火车上。我意识到那位官员（自始至终）甚至都没有看过我的脸。这完全是一场心理游戏，提醒我和苏联学生们的讨论是不被允许的。这种惩罚并不严厉，尤其是在火车单间里待的那三天。但边境线上的这个小小警示告诉我，在20世纪80年代的苏联，没有人是隐形的。

那些声称中美两国已经进入"新冷战"的当代学者，或许并没有经历过"二战"后那种深植于心的仇恨与不信任，这种彼此之间的敌意也构成了"冷战"时期美苏关系的基调。20世纪80年代中期以前，美国在苏联缺乏影响力，大多数苏联公民无法在特定的共产主义国家之外旅行，克格勃在公民间营造了一种充满猜忌的氛围。但在我与中国近四十年的交往中，我从未感受过如此深重的敌意和不信任。

乔治·奥威尔在1945年创造性地使用了"冷战"一词。"二战"期间他曾在英国宣传部门工作，在英国与苏联结盟对抗德国期间，他负责传播有关苏联的正面消息。"二战"后，他迅速发现了苏联宣传的残酷性，并警告西方，由于夸张和虚假宣传的加剧，我们可能会进入一个长期的意识形态冲突时期。奥威尔在战争年代亲身经历了官方对信息的操控，他认为西方也难免会采取类似的方法来抵御谎言。即使是他也无法想象，当代美国媒体刻薄的报道方式：用对"事实"的双重诠释来争夺读者的注意力，与党派偏见相比，事实则似乎显得无关紧要。

石宝山剖腹观音

一尊悲悯的观音

观自在菩萨，开悟之觉有情者，引领我们至彼岸
在菩萨的思绪中无有业障，
因为菩萨的心中也无有挂碍，
他们可以克服所有恐惧，
消除一切谬误虚妄，实现完美的涅槃
（菩提萨埵，依般若波罗蜜多故。
心无挂碍，无挂碍故，无有恐怖。
远离颠倒梦想，究竟涅槃。）

———一行禅师[1]《心经》翻译

    石钟山石窟群位于大理到丽江之间的剑川县石宝山风景区。在石钟寺7号窟，一尊面容安详的石像俯瞰着陡峭的山谷。这是一尊唐代观音造像，其右手执柳枝，象征着柔韧但又牢不可破的力量，左手托着盛满甘露的净瓶。她眉目慈祥，鼻梁挺直，嘴唇饱满，颇为入时，平静地凝视着远方。

    然而，她身上最引人注目的，是她心脏所在的位置，竟是一个凹陷的空洞。也许曾有一颗珍贵的宝石填满了胸腔的空间，但在今天，它的意义已经超越了单纯的装饰。在我们这个时代，它象征着人们渴求的一腔赤诚与无私奉献。

---

1 一行禅师（1926—2022）：越南僧人，现代著名的佛教禅宗僧侣、诗人、学者及和平主义者。——译者注

佛教自9世纪从东南亚传入大理，并在随后的5个世纪中蓬勃发展。在大理王国的22位统治者中，几乎半数放弃了皇权，出家为僧。从那时起，南诏梵僧赞陀崛多就预言了洱海周边部落势力的崛起，并据此制作了一批观音铜造像。

观世音菩萨，是一位大觉有情的修行者，他已经开悟，却自愿留在感性世界来减轻世人的痛苦。观音可以通过无数的化身来激励人们信仰佛教，克服困难。早期的印度造像以更男性化的形象呈现观音，他在那里被称为阿缚卢枳帝湿伐逻（Avalokiteshvara，观世音、观自在）菩萨——一个千手千眼的大觉者，能倾听世间苦难之音。但随着佛教通过丝绸之路从亚洲次大陆传入中国，观音菩萨优雅和悲悯的属性与女性更加紧密地联系在一起。中国人对观世音菩萨的身相描绘变得更具母性。

阿嵯耶观音[1]的造型非常独特：上身赤裸，面部纤细，身姿修长。她右手结"安慰印"（Vitarkamudra），这个"手印"既表达了智慧的话语，也传达了佛陀的教诲。左手摊开手掌，伸向地面，这是一种施予的手印（施予印）。今天，你可以在大理三塔（Three Pagoda）和崇圣寺（Chongsheng Temple）上端的亭台中找到身形最大的阿嵯耶观音（Acuoye Guanyin）。

大理的观音庙（Guanyin Temple）是为了保护当地人民免受外来入侵而建造的。传说当时有一支庞大的军队从南方逼近

---

1 阿嵯耶观音：白族密宗"阿吒力教派"的主尊观音，是南诏国、大理国最重要、最受尊崇敬仰的一位神祇，也是大理特有的观音，又被称为"云南福星""细腰观音""大理观音"。——译者注

大理，他们遇到了一位观音化身的年长妇女，肩上扛着一块巨大的石头。士兵们遇到这样一个强壮的女人很惊讶，不敢继续前进，担心大理国的男人会更强壮。至今，人们仍然可以在大理南部一座石桥下找到这块巨石，它就静静地躺在桥下的一汪清泉里。

释迦牟尼佛在佛教经典《莲花经》中宣称，只要有人真诚地呼唤观音，菩萨就会听到他们的祈求，解除他们的苦厄。观音是理想的倾听者：她的千手随时随地伸向所有需要她帮助的人。观音是一个母性的形象，端坐在莲座上，她的脚边围绕着孩子，怀中抱着一个婴儿。莲花象征着她的纯洁和生育能力。她也是海洋的守护者，站在巨龙身上，飞跃水面，是平和与力量的象征。通过观音，所有人都能拥有一条开悟之路，无关性别。观音的形态也由男性开始转变为女性。她提醒我们不要放弃希望。当我们绝望时，观音指出我们都会遭受疾病、衰老和死亡的折磨。这些挣扎让我们真切地活着，将我们作为有情众生联结在一起。

石宝山观音试图和大理地区的百姓分享佛教的智慧。但几天过去了，几周过去了，她还是没能吸引到多少信徒。村民们问她："你为什么总说个不停？我们听不懂你在说什么。你有什么证据可以给我们看看？"观音因为不被理解而感到伤心。她敞开心胸，掏出了自己的心以示赤诚。这样悲悯的举动让听众们感动不已，人们纷纷聚拢过来，呼喊道："这才是真正的观音大士。"

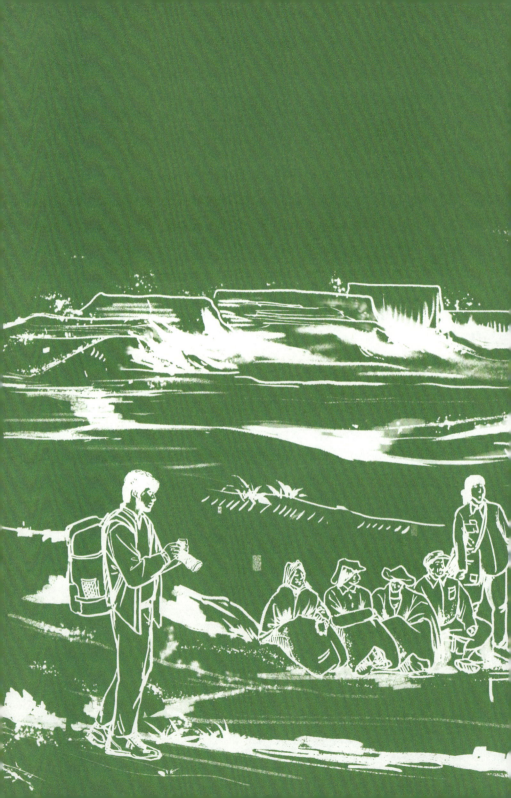

落地

04　新语言

学到手的才是真本事。（意译）

——中国谚语

坐了整整5天的火车，又在一个脾气暴躁的俄罗斯边防官面前被困了3个小时，我乘坐的火车终于穿越到了蒙古北部平原。当火车抵达乌兰巴托时，我有了一位新室友，他衣着很体面，是一位常驻北京的菲律宾中年外交官。他刚刚结束对蒙古国的官方访问，在我们火车旅行的最后20个小时里，他成为我的第一位中文老师。

"胡安妮塔[1]——我的初恋之一，"他若有所思地说，"你所需要知道的关于说中文的一切都要从胡安妮塔——代词女神开始。"

我不明白他的意思，于是他从最基本的开始讲解：

1　胡安妮塔：文中菲律宾外交官用"胡安妮塔"，发音类似于中文的"我（wo）and你（ni）他（ta）"来记中文代词。——编者注

我

你

他 / 她 / 它

我 =I

你 =You

以及他 / 她 / 它 =he/she/it

"胡安妮塔——我如此想念她，即使在中国，我对她的思念依然如影随形！"

我记不太清接下来的课程。这位外交官分享了从颜色到国籍，从食物到革命口号等各种中文内容。我在1984年8月31日抵达北京，而当时我对中国和中文的了解几乎仅限于"代词女神"——我你他（wo-ni-ta）。

学中文就像学唱歌一样。普通话有四个声调，如果不掌握它们，就不可能讲好普通话。中国朋友经常用各种手势来辅助学习这门复杂的语言：一个长而平的水平手势，表示一声；二声是从左向右上升的手势；三声的俯仰动作；四声的下沉动作，看起来像空手道一样。学中文的人总是很容易识别，因为他们生动的手势，足以令任何意大利南部人感到骄傲。

在中国的第一个月，我一个词也说不出来，但是我的手臂肌肉却变得越来越发达！直到10月1日的国庆节假期，别人终于能听懂我的中文了。我决定在假期离开北京3天，搭乘夜车去山东泰山。火车车厢里挤满了人，我没有座位，连过道都堵满了熟睡的旅客，所以半夜也无法去卫生间。

5：30火车到站后，我和成千上万的中国游客一起上了山。当我爬完数不清的石阶抵达山顶时，我试着用自己仅记得的两句中文表达自己的感受——一句是"看黑板"，当然这句话只引来了其他登山者困惑的目光；另一句是"厕所在哪儿"。虽然"看黑板"没起什么作用，但我喜欢那两个有力的音调，它们迫使我的双手做出下劈的空手道动作。中国登山者都望向远方，想知道我是否看到了他们没有看到的东西。

出于迫切的生理需要，我在山顶上使用了"厕所在哪儿"。这是我说的中文第一次被人听懂。看到一个老外一边大笑一边小便，一起解手的哥们儿一定很惊讶。我很自豪，在神圣的泰山顶上，我说的新语言终于有人听懂了。

在20世纪70年代初期，父亲为我印制了数百张个人名片，上面的职业是"棒球卡收藏家"。我经常把名片发给跳蚤市场的人和车库销售商。到1984年，我还有很多这样的名片，于是我决定把它们带到中国，分给我的新朋友们。我的地址和电话号码已经过期，但我的名字仍然有效。

在北京的第一个月，我把这些名片分发给新结识的本地朋友。即使是那些会说一点英语的人，也不能理解棒球卡收藏家是什么。我发现这些卡片带来的麻烦远远大于它们的价值，于是我开始将它们用作生词生句的学习卡片。每张卡片的正面可以容纳6个汉字，背面的空白处可以很方便地写上英文含义。

我每天会记满十多张卡片，晚上则用本地收音机断断续续地收听"美国之音"（Voice of America）广播来做自我测试。我发现自己每天大概能记住15到20个生词。在中国的第三个月，我已经掌握将近500个汉语词汇了。

1984年11月的感恩节，我买了第一本中文教科书，那时中国才刚刚对西方开放，书中大部分内容都很过时，我却学得津津有味。很快我和别人的对话就不再是"看黑板""厕所在哪儿"，而是"不要忘记无产阶级"和"东方红"。我的词汇量不断增加，但话题很少超出基本方向和中国特色社会主义：

"你豪""青金来""清河叉""麦基珠衣万岁"
你好。请进。请喝茶。马克思主义万岁。
"卧室美国人""神体豪吗？""补药王绩解积斗正"
我是美国人。身体好吗？不要忘记阶级斗争。

The TRAVELS of MARCO POLO
[THE VENETIAN]

Revised from MARSDEN'S *Translation and Edited with Introduction by* MANUEL KOMROFF

LIVERIGHT PUBLISHING CORP. - NEW YORK

《马可·波罗行纪》封面

W. J. from
E. M. J.
March 9, 1944.
To Brian; A real Marco Polo.
S. T.
March 21, 1994

友人赠送给林登的《马可·波罗行纪》 1994

马可·波罗与中国穆斯林探险家

1271年，一个17岁的威尼斯男孩设法加入了一支东行的商队。他的父亲和叔叔在他6岁时就外出经商了；如今他觉得自己已经到了可以参与家族生意的年龄。他父亲和叔叔凭借珠宝贸易进入了蒙古宫廷，为蒙古统治者——成吉思汗的孙子忽必烈汗效力。成吉思汗是一位以征服遥远土地而闻名的游牧部落首领，同时也是一位对其他文化宗教很宽容的领袖。蒙古帝国未来的统治者继承并发扬了这种好奇心。忽必烈汗派老波罗回到威尼斯，请教皇派100名牧师，再带一瓶圣水过来，这样他就可以了解基督教。他们照做了。

在1271年，波罗家族的三位男士——男孩马可·波罗，他的父亲尼科洛·波罗，叔叔马菲奥·波罗，以及两个多米尼加牧师，向耶路撒冷王国的阿卡古城方向出发了。他们的旅程先从耶路撒冷到伊朗，然后经由阿拉伯海到达阿富汗，再乘船抵达中国。两位牧师很快就放弃了旅行，回到了罗马。但马可很快适应了旅途的艰辛，他总是对当地的货物及商人如何处理在各地区的贸易感兴趣。旅行者预计往返需要几年的时间。小男孩马可·波罗直到24年后才又回到威尼斯。

13世纪的威尼斯是一个骄傲而富有的城邦共和国。航海商人给威尼斯人民带来了巨大的财富；只有贵族阶层才会梦想从事航海这种冒险的职业。邻国热那亚也在同一条地中海贸易线上争权夺利，战乱不断。马可·波罗在结束漫长的东方之旅后，回来就被关进了监狱。

如果不是马可·波罗被捕入狱，我们可能永远不会知道他的故事。他和蒙古人一起生活了17年，成年后会说四种语言。但他可能无法用威尼斯语或当时流行的其他语言——法-意复合语来流畅地进行写作。另一个来自比萨的囚犯拉斯蒂塞洛（Rusticello），一个小有名气的作家，成了他的抄写员。一本畅销的手稿诞生了，这一切都发生在印刷时代到来之前。

马可·波罗自称是忽必烈派往云南的使者。他提到的关于牲畜和马市、吃生肉（包括猪肉），以及使用白贝壳作为货币单位的描述，与历史记载是吻合的。马可还提到了长着腿的巨蟒，巨蟒的嘴"大到可以吞下一个人"，显然是指段赤城和蛇王的传说。他对盐的贸易、生产和收入的描述也与元代文献一致。

他出狱后的日子过得很普通，余生都住在威尼斯，娶了多纳塔·巴多尔，养育了三个女儿。据说，他在70岁去世后留下了一小笔财产，还清了债务，并让他的鞑靼仆人彼得重获自由。临终前，朋友们问他书中的故事是否真实，他感叹道："我所讲的故事还不到我所经历的一半。"

据说马可访问云南时，蒙古人已经征服了该地区。忽必烈于1253年前往大理，迫使前大理王国投降。蒙古领导人随后从北方地区派遣数千名穆斯林军人，前往大理统治云南。第一位被任命为大理总督的蒙古人，就来自中亚城市撒马尔罕。

在云南定居的穆斯林，在商业和军事上都具有影响力。最著名的探险家之一——明朝海军统帅郑和，是出生于云南地区的穆斯林。据说他比哥伦布还要早半个世纪环游世界。另有一种说法，哥伦布在他的旅行中随身携带了一本《马可·波罗游记》（又名《马可·波罗行纪》《东方见闻录》）。

郑和是元朝初年云南省最高行政长官（云南平章政事）萨维德·阿贾尔·沙姆斯·丁·奥马尔·布哈里的后代（赛典赤·赡思丁）。据说他自己就是穆罕默德（第二十七代）后裔。郑和原本是姓马，马是穆罕默德汉语音译中的第一个汉字。郑和在南京度过了他的晚年，他重建的伊斯兰风格的陵墓现在坐落在牛首山的南坡上。历史上对他的记述不多，直到1904年梁启超发表了《祖国大航海家郑和传》。

一百年后，英国作家加文·孟席斯（Gavin Menzies）出版了《1421：中国发现世界》（*1421: The Year China Discovered The World*），使郑和在西方大受欢迎。孟席斯认为郑和踏足美国的时间比哥伦布还要早70年。尽管历史学家认为孟席斯的论断是伪史，但孟席斯对明朝早期权势的关注，有助于向世界重新介绍这一时期的中国历史。

05 北京1984

在北京站下车时，我已经连续七天没洗澡。除了花生酱、不新鲜的面包外，也几乎没什么东西可吃，偶尔才能吃上袋装煮土豆，所以我比上车时轻了4斤。下车时，我唯一的"向导"就是录取通知书上的汉字。

火车站前的路口一片混乱，十几个"的哥"争着竞价抢客，直到有人同意搭乘他们破旧的小轿车。我穿着芝加哥小熊队的背心、短裤和皮凉鞋，初来乍到又不会说中文，很快就被从没见过"老外"的人群里三层外三层地包围了。他们穿着稍显单调的军绿色和藏蓝色上衣，头戴"毛式"红军帽，贴身的白色背心（向上卷起）露出粉色的肚皮——威名远播的"北京比基尼"。几位大爷摸了摸我的腿毛和下巴上的胡子。这种关注本应令人不安，我却从未感受到威胁。围观的人群是真的好奇，他们用一种天真无邪的方式表达了他们的好奇心。

我在中国的头20年里，对这种待遇已经司空见惯。直到21世纪初，我身上的这种聚光灯效应才逐渐消失。

我上了一辆出租，开车的"的哥"就像逆流而上的皮划艇运动员，一路躲闪着开往学校。汽车在拥挤的自行车流中穿梭，许多自行车会突然出现在我们的车道上，如同水面上的礁石对皮划艇运动员的挑战。到达北京二环时，修路的深坑和散落的水泥碎石给行车增加了障碍。我闭上眼睛，在车流中随波逐流。

我一到北京语言学院就成了一个新人——林登。几位学校工作人员看到我的出租车停在大门口，我一下车他们就跑过来帮我拿行李。一位姓王的中年女教师接待了我。她英语说得很好。王老师带我去了她在办公楼二楼的办公室：一盏台灯，两把椅子，一张胶合板写字台，还有无处不在的老式保温瓶。王老师说话的语调清晰冷静，似乎与周围"斯巴达式"的简陋陈设格格不入。当王老师介绍在北京语言学院的留学注意事项时，她那又大又厚的眼镜纹丝不动。我甚至能在镜面反射中看到自己僵硬的身影，仿佛在嘲弄此刻紧张无比的我。

"首先，"王老师顿了顿，然后说，"我需要你帮我个忙，给你自己起一个中文名字。"她递给我一本破旧的英文字典，让我查找了一下自己的姓氏。我翻遍了字母 L 下的词条，找到了"林登"。因为这个名字刚好排在"林肯"之后，于是王老师将错就错地笑着打趣我，说给我取中文名应该很容易。

"我们干脆叫你林肯好了，"她对我和她的同事说，"听起来就像一位留着孔夫子胡须的总统。"她的同事们站在我旁边笑而不语。

我告诉王老师我的名字不是林肯，而是下一个词条——林登。她惊讶得倒吸了一口气。

"你的名字和佛陀悟道的菩提树有关。"她郑重地说，然后盯着窗外看了一两分钟。"有这样一个名字，你来中国或许是命中注定。我打算叫你林登，意思是'在林海中攀登之人'。希望你能永远珍视这个寓意吉祥的名字。"

我尊重我的中文启蒙老师的建议，在过去的三十七年中，我始终为成为林登而骄傲。

"这是你在学生食堂的饭票，总共就这么多。如果你觉得不够吃，就要去食堂服务员那儿再买些饭票。"她解释说，"我们刚停止在餐厅使用粮票，要是他们朝你要粮票，不用理他们。"

王老师领着我离开了大行政楼，经过了一个无人打理的花园。

"左边是学校的篮球场，右边是田径和足球场。"

我们路过几十个正在认真打球的年轻人。

我问她："我可以参与这些运动吗？"

"当然可以……校园里现在只有20个西方人，中国学生们一定会热烈欢迎你的。"

一个"跑偏"的篮球朝我们飞来，我放下包，把球抛了回去。中国学生欢呼着鼓励我投篮。我身高1.92米，是球场上最高的人。

有人喊道："扣篮，扣篮！"

我的双腿因坐了近8天火车而疲惫不堪，但我还是冲向篮板，计算好我的跳跃时间，勉强将球扣进篮筐。整个球场爆发出欢呼声。

一个男生用英语喊道："明天你就是我们队的了。"

我兴高采烈地走完剩下的100米，心想："哇……这一定会很有趣!"

我的辅导老师把我带到一组六栋红砖楼的区域两层楼高的宿舍区。我的房间在最西边那栋建筑物的一楼,对面有一小块空地,是学生们停放自行车的地方。不幸的是,我的房间紧挨着厕所,总能闻到令人尴尬的气味。

入住宿舍后,我开始探索校园周围的环境。这所大学位于北京的西北部,与著名的北京大学和清华大学毗邻,骑自行车就可以到颐和园。有些街道铺了柏油路面,有些还没有,但是到处尘土飞扬。路上都是些老旧过时的拖拉机,在发出可怕噪声的同时,排出大量刺鼻的尾气。道路两旁矗立着成排的美国梧桐,林荫路通向一个小型露天市场,那里出售各类蔬菜、水果和饼干。

抵达校园的第二天,当我在川流不息的自行车流旁慢跑时,一辆闪闪发光的黄色奔驰在我前方5米处停了下来。当时北京的轿车很少,更不用说一辆全新的进口奔驰了。我以为是自己无意间做了什么违法的事,政府工作人员要拦下我;或者更糟的是,他们发现了我以前只是芝加哥的一名地毯清洁工,要我退还他们慷慨的奖学金。

与我的猜想恰恰相反,车上跳下来两个衣着体面的男士(考虑到当时的时尚标准是藏蓝色和军绿色的"毛式"人民装,这并不难判断),还有一个时髦的年轻女士。他们微笑着和我打招呼,用中文和我交谈。我一个字也听不懂,于是把他们带到学校门口,问路过的学生会不会说英语。一个年轻女孩主动表示愿意帮忙,为我们当起了临时翻译。

"我们是北京电影制片厂的……我是一名干部,王清是一名演员,这位是何导演。"女生继续翻译道,"我们正在制作一部新电影《他从大洋彼岸来》,讲述一个在北京的外国留学生的故事,他在完成学业前不幸去世了。我们认为你是主演的最佳人选,想问下你是否愿意出演这部电影。你真幸运!"

我的第一反应是这是中国版的真人秀节目《偷拍》在恶搞我。我四处张望,想看看是不是有人躲在树上或者汽车后面偷拍。这几个中国人焦急地等待着我的回复,与我在美国做过的所有工作相比,这个决定不难做出:"我当然愿意出演你们的电影!"

9月初,我们在北京电影制片厂开始拍摄。这家公司就像一个堡垒:一个由几十栋灰色的公寓楼、一所学校和大学、一些医疗设施,以及摄影棚所组成的小型城中城。在接下来的3个月里,每当学生食堂的早餐快结束时,那辆黄色的奔驰车就会出现在校园。我在新同学们的打趣声中离开,留他们在无聊的课业中度过一整天,直到大多数人已经上床睡觉,我才回到寝室。

学校澡堂限时供应热水,每周3次,从晚7:00到8:30,漫长的日间拍摄意味着我经常洗不上热水澡。所以我每天晚上只好换套衣服,摸黑出去慢跑30分钟,然后洗个冷水澡。随着北京的气温降到零摄氏度以下,宿舍变得越来越不舒服,因为每天供暖时间只有1个小时,寝室内常常比室外更冷。

在4个月的拍摄过程中,我几乎无法入睡,经常被宿舍里其他学生的声音吵醒。第一周后,我对面的房间变成了一个临时清真寺。每天从房间中传出5次祈祷的声音，最早一次是日出前。我房间外的走廊里充满了嘈杂的脚步声和响亮的祈祷声。晚上，我楼上的俄罗斯学生房间里传出麦当娜、金发女郎和滚石乐队的音乐，抵消了这些"祥和"的声音。我请求留学生辅导员出面调解，但是没能成功。在拍摄了一整天之后，我终于和俄罗斯学生发生了肢体冲突。米克和基思的音乐偶尔还会在宿舍楼上回荡，但在我"拜访"过之后，他们就没那么嚣张了。

林登主演的电影《他从大洋彼岸来》 1984

《他从大洋彼岸来》是一部根据真实故事改编的电影，讲述了一个1982年来中国留学却不幸去世的美国学生的故事。我是那个学生的扮演者，他热爱中国，直到悲剧式的死亡来临的一刻。不幸的是，由于电影制片厂缺少会说英语的人，我对电影的内容和故事情节并不了解。事实上，因为当时我不会说中文（除了"胡安妮塔"），我通常不知道自己在每场戏中到底说了些什么。显然，导演必须为我做后期配音。

开始的几天，我们在北京各地拍摄宣传片。剧组找了一个荷兰学生扮演我的女友，一个坦桑尼亚男生饰演我最好的朋友。制片厂还找了十几个国际学生过来客串，他们在北京机场的一架飞机上帮忙拍了剧照，后来一些人又在教室的内景戏中担任群众演员。

刚开始拍摄的时候很尴尬。但我很快意识到，由于我不会说中文，导演只是希望我在每一次拍摄中都假装做出说话的样子。为了激发我的灵感，摄制组在镜头后面用面部和肢体语言，来唤起我悲伤、快乐和愤怒的情绪。我感觉自己就像一个蹒跚学步的孩子，试图激发某种特定的情感，和大人一起摆姿势拍照。导演会在每一个镜头中表演这些感觉，当我的热情减退时，他会更卖力地为我"说戏"。

在微笑或皱眉的同时，还要用胡言乱语来"拖延"表演时间是很有挑战性的。随着拍摄的进行，导演要求我在每一个场景中持续表演特定的时间：3分钟，5分钟，有时甚至是7分钟。为了让自己的嘴巴不停地动，我已经快江郎才尽了。

结束一天的拍摄后，在一次乘车回家的路上，我从广播中听到了一首美国歌曲《乡村小路带我回家》。这首歌是20世纪80年代中国最流行的西方歌曲。我开始熟记这首歌的歌词，我想也许可以通过重复最喜欢的歌词来填补每个镜头所需要的时间。3分钟可以是《顺其自然》或《老虎之眼》；《加州旅馆》应该可以工作5分钟；而7分钟，上帝保佑（但愿不会发生这种情况），应该不是《通往天堂的阶梯》就是《波希米亚狂想曲》。这些是我所知的最长的歌曲，除了《墙上的100瓶啤酒》！弗雷迪·莫库里的"妈妈咪呀，妈妈咪呀"只能用在欢乐的场景中，而齐柏林飞艇乐队的《摇滚圣歌》则可以满足悲伤忧郁的需求。

不出所料，这不是一部很好的电影。然而，当我第一次看到电影的最终剪辑版，看到我的嘴唇间跳动着披头士和皇后乐队的旋律时，我忍不住大笑起来。一口高亢、完美的普通话从我的口中迸出来，这种字正腔圆的腔调我至今依然无法掌握！

4个月的拍摄，北影厂付了我250美元，这是当时中国的平均年薪。摄制组提醒我，只工作了一年的1/3就拿到这么多钱，我是多么幸运。但我拒绝了拍摄其他几部电影的机会，因为我发现这段经历十分枯燥。大部分时间我都坐在摄影机后面，等着摄制组架设机器。一天的表演，或者说是尝试，通常只用了不到半小时就完成了。我很乐意告别这段光鲜的演艺生涯，继续开始新的冒险。

为了在拍摄期间打发时间，我结交了一位55岁的年长助理导演，她似乎和我一样无所事事。她经常在片场外闲晃，做着各种有趣的"舞蹈"动作。有一天，她叫我过去，用简单的英语问我："你知道我多大年纪吗？"

我礼貌地回答："25岁。"

"哎，你太客气了，"她脸红了，"我都是老太婆了。我的丈夫曾告诉我，美国有一句俗话，'只有你觉得自己老了，你才会老。'我觉得自己显年轻是因为中国传统武术。"她开始重复"舞蹈"动作，并补充说："我专门学过太极拳，到现在已经练了7年。"

"我试着每天早上7点练太极，但有时我太懒了。冬天的寒冷会引发我的'老寒腿'，我常常会睡过头。因为没参加晨练，接下来的一整天我不得不躲着朋友们。"她一边笑一边假装往墙后面躲，"但是他们总能找到我，说：'朱老师，你今天上哪儿去了？'"

"愁人的是，我真的很想每天都练习。太极动作有时可以让我忘记自己必须干的活儿，"她笑着说，"除了，每天来看你表演得多么好！"

朱女士又开始了她的日常锻炼，把注意力集中在她的双手上，"太极拳应该把这些杂念从我们的脑海中赶走，但是在整个练习的过程中我通常会去想：'今天下午是不是该买点儿猪肉？''要不要洗一下自行车？''昨晚那集电视剧里又演什么了？'"

"就像你看到的，"她笑着说，"我可以把所有杂念都从脑子里赶走，只想着我有多饿，还有门外卖的热乎饺子。我们要不要去买点儿？"她问道，"我现在只觉得空空的肚子在咕噜咕噜叫。"

我总请她吃饺子，对于如此深刻的教诲，我至少可以有点表示。

大约拍摄了一个月之后，一位年长的西方女士出现在摄影棚里。我们正在拍摄电影的最后一个场景：我躺在医院的病床上，跟朋友和中文老师聊天。她专心地看着，但当听到我背诵老鹰乐队和齐柏林飞艇乐队的歌词时，她大笑起来，打断了拍摄。我和朱老师一起练太极拳时，这位女士问我是否可以在休息时一起练习。

"很抱歉干扰了你的台词。"她后来开玩笑说，"希望你还能记住这首歌后面的副歌。"

她还补充道："当你并不完全了解整场内容时，就可以演出一些片段，这是相当惊人的。"

"这挺难的，"我告诉她，"我对这部电影是否会好看并不乐观。但至少这段经历是令我难忘的。我从未渴望成为一名演员，过去的一个月也没有改变我对这份工作的看法。"

"别提了……我在好莱坞工作，来这里与北影厂谈些合作。"她解释说，"尽管电影的制作质量不适合西方观众，但中国的电影界要真诚得多，也谦逊得多。你很幸运能在这里开始你的职业生涯！"

她住在北京西北侧的友谊宾馆，邀请我和朱女士周日去当时北京唯一的游泳池游泳。当时是10月初，但天气仍然很暖和，适合去游泳，所以我和朱女士还有新朋友一起，在友谊宾馆度过了一个轻松的下午。

那天晚上回到宿舍，我发现右眼的隐形眼镜不见了，一定是掉进了游泳池。隐形眼镜对我来说是昂贵的奢侈品，在北京买不到。

第二天我路过酒店，让一位会说英语的前台工作人员帮我跟泳池救生员沟通。

"你在水里找到过一个透明的小圆片吗？"我通过翻译问道，"它就像一枚浮在眼睛上的塑料硬币。"这个描述完全令他迷惑不解。"它很可能会像浮游生物一样漂在水面上。"

他跳进水池里寻找，而我则用过滤器沿着池边撇水捞取。但我们什么也没找到。事实上，隐形眼镜也可能是在我离开泳池后掉出来的。

我请工作人员继续帮我留意镜片，并做好心理准备，未来几个月都将告别右眼1.0的视力。

晕头转向地过了两周后，一个男人出现在电影拍摄现场，问剧组人员是否可以和我说几句话。他们开玩笑说，这是第一次有追星族找我"要签名"。

相反，来人严肃地告诉我："我们在游泳池的排水管里发现了一个东西，可能就是你在找的东西。我们还没有把最后的水抽干，你可以过来看看是不是你的隐形眼镜。"

第二天，导演让司机把我送到友谊宾馆，我顺着梯子下到排干水的游泳池。只有中间排水口的周围留有一小圈水，三个人围着它，看起来就像在大峡谷边惊奇观望的游客。

警卫告诉我："有个东西漂在这片水面上。"

我弯下腰，看到一个透明的小圆片漂在混浊的水面下。我伸手捞起这个小东西，惊讶地发现它还是那么柔软。正是我的隐形眼镜，比之前又"老"了两周，外面还包裹着一层灰色水锈，但它可能让我的视力恢复到1.0。我把隐形眼镜放在清洗液中，等了几天才重新戴上。它边缘很粗糙，但我又能看见了。

只有我看这部电影时，才注意到哪些场景是没有戴隐形眼镜时表演的。我的身体似乎在向失焦的右侧倾斜。从许多方面来说，我在不知道自己台词的情况下出演了一部电影，有一阵子我也看不清自己在说什么——这是一个很贴切的隐喻，表达了我在中国最初几个月所受到的文化冲击。这部电影是我第一次也是唯一的一次表演经历，但它充满了挑战，即使是最伟大的演员也可能从未遇到过。直到今天，隐形眼镜依然是我走到哪里都要随身携带的东西。

2009年，也就是跟朱女士学习太极拳的25年后，我接受了《大西洋月刊》的詹姆斯·法洛斯的采访。在我们的谈话中，我才了解到当年我扮演的角色是基于一位真实人物改编的。法洛斯参与了由华盛顿著名的贵格会学校[1]——联邦德国威尔友谊中学支持的中国项目基金会。这个基金会是以约翰·蔡德曼的名义建立的，他是联邦德国威尔友谊中学1979届的毕业生。他于1982年来到北京师范大学学习，但不久就不幸去世了。约翰的父母创立了约翰·费舍尔·蔡德曼"79中国研究基金"，旨在促进联邦

---

1 贵格会学校：又称友谊学校，是美国教会学校的一种，实行小众精英教育。今日的贵格会学校不再要求学生具有宗教信仰，却完整地保留下教友会教义的核心理念。——编者注

德国威尔友谊中学对中国语言和文化的研究。法洛斯意识到我扮演的角色正是基于约翰在中国的那段经历。在《大西洋月刊》的采访后，我读到的一切关于约翰的资料无不显示出他对中国的热情。他对这个国家的尊重一直激励着我和瑾妮（有趣的是，2014年联邦德国威尔友谊中学成为我们最亲密的合作伙伴之一，他们每年会在喜洲进行为期一学期的体验式教育）。

在我美国家中储藏室的一个纸箱中，藏着这部电影的原版胶片拷贝。我已经有20多年没有给任何人看过这部电影了。对我而言，它是通往美好生活的第二个契机。这两次机会都是另一个国家赋予的，虽然它距我故乡有万里之遥。中国给了我信心，让我敢于追求自己年轻时无法企及的生活。我越来越认同这个国家，认同它的文化，还有它的人民。我没有承袭家乡的旧身份，而是逐渐成为一个中国人。中国很快给了我第三次实现突破的机遇，为我取得更大的成功铺平了道路。

过桥米线

过桥米线

当人们有足够的面条吃时，
世界将迎来和平。

——安藤百福[1]

蒙自县有位书生，在城外南湖的湖心小岛上独自用功苦读。岛上只有一间木头搭成的凉棚为他遮风挡雨。木棚建在不断被湖水冲刷的桥桩旁，这是一座看起来不太稳固的吊桥，桥的另一端连接着村庄。雨季刚刚结束，但是南湖水位上涨，波浪拍打着支撑吊桥中间部分的桥墩。潮水的回声淹没了其他一切声音，远处的村庄如同幻影般消失在蒙自上方的群山之中。

因为临近科举考试，书生决定留在岛上刻苦读书，直至进京赶考。他出身于一个书香门第，父亲是乡试解元（省考头名），父亲的朋友是两榜进士，而他之前已经两次落榜，给家族带来极大的耻辱。

书生的妻子偶尔会隔湖远眺湖心孤岛，她只能勉强辨认出那些支撑着小木棚的竹竿。书生寒窗苦读的精神令人钦佩，但妻子担心他如果再次名落孙山，将对家族的名声造成负面影响。

雨季结束之后，妻子每天都要步行1 000米，去岛上给她

---

1 安藤百福：日本方便面的发明者。——编者注

的丈夫送饭。她会用米线做一碗汤，小心翼翼地端着碗通过摇晃的吊桥，来到丈夫的小木棚。虽然书生见她来了总是很高兴，但因为汤是凉的，米线是湿的，书生经常流露出失望的神情。

"如果一个人吃不好饭，就不能好好思考。"他一边说，一边把剩了一半的碗递还给妻子。

书生妻子试图加快脚步，但是很难平稳通过那座破旧的吊桥。吊桥的晃动让她好几次把汤洒了出来——她的丈夫却对她的辛苦视而不见。

第二天，她在一个大陶罐里盛满了煮沸的鸡汤，她发现汤里的油浮在表面，覆盖着下面的肉汤。她尝了尝汤，匆忙之中烫伤了舌头。她由此受到启发，决定把原料放在大陶罐旁边的小碟子里。她迅速地选好食材：薄如纸片的火腿、鸡肉、猪肉和鱼肉、柔滑的豆腐皮、辛香的韭菜和新鲜的豌豆苗，还有猪肉脆皮——源于它们光滑、松脆的质地。当她带着她的"杰作"过桥时，两只鹌鹑蛋依偎在小碗里，仰望着她，表示赞许。如果她丈夫能顺利地通过科举考试，或许她会再加一些特产店卖的油浸鸡枞菌犒劳他。

在过桥的整个过程中，肉汤一直是热的。丈夫期待地看着妻子往汤里加入肉、蔬菜和生鹌鹑蛋，然后小心翼翼地把米线放在上面。他高兴地发现，这种新的备菜方法做出来的汤很精致，米线的口感也很完美。妻子继续这样为他做米线。当书生金榜题名时，全蒙自县的男女老少都在谈论这道美味的新菜肴。

为表达对书生妻子的敬意，人们将这道菜称为"过桥米线"。时至今日，"过桥米线"仍旧闻名遐迩，这证明厨房的智慧滋养可以为整个城镇带来名声。

06 我的第一次被捕经历和崇高的体验

> 旅行者是最贪得无厌的浪漫偷窥狂，在他们性格中隐藏着难以觉察的虚荣、傲慢和近乎病态的神话情结。这就是为什么旅行者最可怕的噩梦不是秘密警察、女巫医或者疟疾，而是遇见另一个旅行者的可能性。
>
> ——保罗·索鲁[1]

我从来没有任何一次纯粹放松的旅行。事实上，在旅行结束后，我通常需要时间恢复。

早期的中国游客也受到"读万卷书，行万里路"的启发。这个理念源自中国书画家董其昌对中国书画美学的批判性思考："气韵生动。"（他强调创作中的灵动气韵是无处可学的，即便真的可以习得，那也一定不是单纯拘泥于书本上的知识，而是去行万里路，去认识自然，了解社会，在田野实践中学习。）

1　保罗·索鲁：美国旅行作家和小说家。——作者注

它强调了人们可以从艰苦的旅行中获得智慧。

我在20世纪80年代曾被逮捕过18次，当时我正试图探索中国的广袤大地。我知道每次都是我不对，但我还是继续要求通融，希望可以进一步了解这个国家。当时，中国农村地区没有电脑，没有传真，甚至连电话都没有。因此，我被捕的唯一记录就是全国各地档案柜里的纸片。我的错误在于涉足了禁止旅行的区域，尤其是作为一个外国人。这18次被捕的经历，没有一次是令人不安或不愉快的。我现在把它们当成荣誉徽章佩戴。

当时的中国堪称地理意义上的"黑洞"。我会在王府井的新华书店，花几个小时仔细阅读关于中国的书籍。就在这家当时中国最大的书店入口的右侧，悬挂着革命领袖的大幅肖像：毛泽东、列宁、马克思、恩格斯和斯大林。海报下面，有一个摆满了旅行指南的专区。这些书籍都有着忧郁的黑白色调和冷静的装帧布局。我会花费几个小时的时间翻看一张张瀑布或山峰的照片，并阅读所配的汉字。通常，我需要逐字查阅汉英辞典来弄懂它们的意思——我所"仰仗"的那本汉英词典就购自这家书店的二楼。离开书店的时候，我往往只携带一处新获知的地名，一座城市，一个省份或一处山脉。回到宿舍后，我会在那张如墙壁一样大小的地图上规划自己的下一次冒险。

就像我在东北伊利诺伊大学的那本笔记一样，我脑海中满是那些尚未被探索的地名。我彻夜不眠地想着那些交错的铁路、公交车站，以及如何越过公共安全的限制。很多时候，这些线路更像是杰克逊·波洛克的抽象表现主义画作，而不是我所希望的蒙德里安式的确定性。

作为一个外国居民，无论出于什么原因，我都必须通过申请才能离开北京。负责外国留学生旅行事务的公安外事办公室位于紫禁城的东边，是一个破败的清代四合院，如今被改造成了政府办公单位。四合院中有一个粗糙简陋的厕所，小便池面朝紫禁城的护城河，称得上是北京最美丽的便池之一，至少对男人来说是如此。

每次旅行都像是一场国际象棋比赛：我试图穿越整个中国，因为想去的那些更有价值的地方都地处偏远。一些城市是开放的，比如西安、上海、桂林和广州。然而，大多数地区却并非如此。去探访有待开发地区的方法，就是先前往开放的城市，然后偷偷从那里继续辗转前进。

偶尔，某位偏远省会的派出所民警，可能会不小心批准某人去拉萨或喀什这样的城市旅行。这个消息会传到其他留学生和旅行者那里，其中一些人会赶到那个外事办公室，想抓住稍纵即逝的机会获得旅行许可。然而，当我们到达时，官员们会意识到他们之前的失误，拒绝发放进一步的旅行许可。当你坐了20到50个小时的火车到达西宁或贵阳的外事办，申请盖章却被拒绝，是非常令人沮丧的，这让返回北京的归途变得更不舒适。

当时中国国内的旅游市场尚未成型。走南闯北的商人并不常见，只有一小部分酒店（招待所？）为来访的政府干部提供服务。总的来说，很少有人为了消遣而旅行。旅店通常不提供房间钥匙，服务人员不敲门就能进入房间，热水、卫生纸和毛巾——通常要分三次才能送全。浴室位于大厅的尽头，由10—20个客房共用。冬天的温度不稳定，房间没有空调，窗户上没有纱窗，一年中有6个月都能见到"好客"的蚊子。

抵达一座开放的城市后，我会去汽车站买一张车票，去尚未开放的景点。偶尔，店员会要求查看我的旅行许可证。由于无法出示相关证件，他们会要求我离开。然后我会设法找个卡车司机，他们聚集在城郊附近的简陋宾馆里；或者在离开车站后等待非法载客的"小巴"。大多数司机看到一个孤独无助的外国人时，都会好奇地停下来，但尴尬的是，他们并不会让我搭便车。

林登与家人的明信片　1987

现在，我隔着半生回顾那些褪色的照片和泛黄的日记，那些自己第一次探索中国的记录。我很难记起故事中的诸多细节，常常发现过去的自己就像是个陌生人，为自己那时的青春与天真感到惊讶。但每一段回忆都影响了接下来的故事。这些记忆的碎片就像拼图一样，创造了一个远未完成的终生使命。回顾过去的乐趣在于，意识到还有多少事物有待探索：

日记：

1985年，中国农历新年：

丝绸之路，与米切纳[1]的《波兰》一起挣扎在冻死边缘

过去的几周充满挑战。我不停地穿越贫瘠的戈壁沙漠，每天晚上都在冰冷的卡车中途停靠站里睡觉。因为没能越过边境到达巴基斯坦，我又回到了喀什。试着记录过去三周发生的事情。

我现在意识到，隆冬时节前往新疆并不是一个明智的决定。北京的朋友警告过我，不要在这个时节去西部旅行。但我当时已被古丝绸之路的故事深深吸引，固执地不愿改变出行计划。

从北京到吐鲁番整整70个小时的火车车程，总算按计划进行了。由于（当时）中国火车上很难买到卧铺车票，我在硬座车厢里又没有座位，所以最初的36个小时，我只能勉强在肮脏的地板上寻找一席之地。

我的"领地"经常被刚上车的乘客侵占，训练有素的乘务

---

1 米切纳：詹姆斯·米切纳（1907—1997），美国作家，曾获普利策奖。——编者注

员专心扫地，地板上到处都是人、瓜子皮、成堆的粗麻袋行李，还有吵闹的牲畜。

火车在甘肃省省会兰州站停靠了一会儿，驶进了连接戈壁沙漠和青藏高原的狭长河西走廊。我成功地说服了列车长在卧式硬木板凳上为我找了一个空位。我看起来一定既绝望又沮丧，以至于她在最后40个小时的车程中给我找了一个靠窗的位置。我在刚刚获得的类似长凳的硬座上晒着太阳，试图抵御已经侵入整个车厢的寒冷。

火车穿越河西走廊　1987

一天晚上，我在吐鲁番下了火车，这里的海拔在海平面以下61米，是中国海拔最低的地方。我住进了城里唯一的一家旅馆：水泥墙的房间，窗边有一张床，窗户少了两小扇玻璃。零摄氏度以下的冷空气可以随意在房间自由进出，就像我很快会发现的其他动物一样。

我在吐鲁番的泥泞街道上走了一圈，发现只有几家户外烧烤店还在营业。这些店铺的老板是讲维吾尔语的维吾尔族人，我努力用自己不那么通俗易懂的中文跟他们交流，买了一些牛肉串和两块飞盘形状的无酵馕饼。我回到旅馆，吃了肉串，把馕放在房间中央的一张小木桌上。浴室在走廊尽头，没有热水。又是没能洗上澡的一天。

凌晨两点，我被桌上的声音吵醒了。我拉动了一根长绳，绳子连着天花板上挂着的一个灯泡。我看到桌子上密密麻麻地挤满了大老鼠，兴高采烈地啃噬着馕。

我冲着它们呵斥，但我的声音听起来不像是什么危险生物，反而更像一只小狗，所以老鼠们毫无惧意。我下了床，试图用扔枕头的方式驱赶桌上的老鼠。它们从桌子上逃窜下来，不幸的是，我刚好挡在它们逃向床边的破窗户的去路上。因为坐了太长时间的火车，我已经筋疲力尽，整个人埋在毯子下面睡着了。休息对于当时的我来说，比食物更重要！第二天早上我醒来，发现桌子上空空如也——我的早餐没了。在随后的6个小时里，我乘坐一辆苏联制造的大巴车去了乌鲁木齐。

新疆的首府乌鲁木齐，地处塔克拉玛干沙漠的北部边缘，坐落在中国和哈萨克斯坦的边界——天山脚下。因为中国和苏联已经切断了边境铁路线，乌鲁木齐是旅客可以乘火车到达的最西边的地方。抵达这座拥有一百多万居民的城市后，我想在汽车站附近找一家便宜的旅馆。市中心只有几家可以合法接待外国游客的旅店，但我说服了一家站前客栈——大巴司机宿舍，让我以3美元一晚的价格住下。

这是一间夯土筑成的土房，可以容纳20人，里面已经挤满了过路的司机，他们像我一样，第二天早上还要继续赶路。房间中央放着一个老旧的石头炉子，燃烧的炉火正努力使夜间的温度维持在零摄氏度以上。浴室在宿舍外面，离车站很近，步行距离约200米。

我半夜起来小解，摸索着穿过白雪覆盖的砾石路。等我回到床上，浑身冰冷，整个晚上都在不停发抖。

我赶上早上6点的长途客车，却发现车前引擎下面着火了。事实上，在客车站周围的区域，很多老旧的汽车底下都冒出了熊熊火焰。早上的平均气温是零下25摄氏度，这是司机们加热机油启动发动机的唯一方法，已经成为每天早上的常规操作。卡车停靠区很冷，我们每天早上都匆匆忙忙地跑到火堆旁，尽可能汲取一点点温暖，以备旅途之需。

连续5天的戈壁沙漠之行是对耐力的一种考验。寒冷笼罩着所有乘客，很快我们就挤在一起，互相汲取些温暖。巴士上挤满了维吾尔族人，有些人可以用中文和我交流，但大多数人都很少说话。由于中国使用统一时区——喀什位于北京以西约4 800公里处——太阳直到北京时间11点才升起。因此，我们每天旅程的头5个小时都像待在一块冰块里。客运车没有暖气，直到午后的阳光融化了夜晚的凝霜，车窗才会解冻。车内唯一流通的空气来自锈迹斑斑的地板，我们可以从那里瞥见通往西边的土路，一路尘土飞扬。到达喀什时我又累又冷，但我仍然希望继续旅行。

20世纪早期的沙俄驻喀什领事馆，经过改造后成了色满宾馆，也是唯一一家为数不多的向外国人开放的涉外定点旅馆。前台工作人员把我领到房间，并且给了我一大暖瓶开水。我是这家宾馆唯一的客人，今晚又住在同样简陋的房间。我倒在床上就睡着了，直到晚饭前才醒来，头疼欲裂，浑身发冷。

一个比利时朋友在离开北京前给了我一种特殊的维生素。这种药片的大小相当于美国的25美分硬币，他说当我感觉不舒服时，它可以改善我的健康。我把维生素放进嘴里，喝了一点开水，本以为它会很容易地滑进我的喉咙，可是经过长途旅行，我的喉咙干涩酸痛，药片卡到了嗓子中间，很快就让我难以呼吸。我记得自己跪倒在地，感觉快昏过去了。那个时刻我不禁想到，在沙漠中艰难跋涉了5天之后被噎死是多么荒谬的事情——"年轻的美国人在喀什死于超级维生素。"我扯下暖瓶盖，绝望地把开水倒进嘴里。水烫伤了我的口腔和舌头，但它逐渐溶解了维生素片。

10分钟后，我终于可以正常呼吸了，但被热水烫伤了嘴。一个星期之后，用灼伤的口腔进食仍然是件费力的事。后来我读了药瓶上的说明，发现这种维生素应该是水溶后服用的。我想告诉那位比利时朋友，我旅行中最危险的事物其实是他的维生素泡腾片。

在喀什待了3天后，我搭上一辆向南行驶的中国卡车。司机要把冷冻卷心菜运往巴基斯坦边境以北的一个小村庄。当我们离开喀什时，他指着我们前面的山脉说：向不同方向前进100到200

公里，我们就有可能在巴基斯坦、西藏、阿富汗或苏联的中亚地区。这个地区的战略重要性显而易见。"大博弈[1]"这个术语，就是为了描述19至20世纪早期，俄英两国围绕中亚地区所进行的地缘政治竞争，以及他们所施展的各种阴谋诡计而创造的。

离开喀什8个小时后，我们被其他司机拦了回来：一场暴风雪使得本就崎岖不平的道路变得无法通行。一条长达数英里的卡车长队隐没在我们上方的群山之中。根据我们目前所处位置的地面高度来判断，地上的积雪大概有20多厘米厚。司机让我下车，因为他不想跟一个美国人困在这条不对外国游客开放的道路上。我踩在雪地上，开始朝向北约160公里的喀什方向走去。

前往喀什的车辆减少了（我后来发现，巴基斯坦方面已经正确地关闭了北侧行车道）。我跋涉前行，偶尔向司机挥手请求搭车，但没有任何车肯停下。大多数司机一定以为我来自南亚。下午6点左右，我在一家路边修理店寻求帮助。这是一座覆盖着干树枝和塑料油布的泥屋。我说服了中国老板让我睡在一间有屋顶的耳房里。房间里有一个取暖的小火炉，旁边是一张生锈的帆布小床，床的上方有一根又长又破的管子。墙壁是用旧纸板做的，上面糊满了20世纪60年代的报纸。老板不情愿地收下了5美元，作为我晚上取暖用的煤钱。他解释说，他家就在后面800米远的那栋楼房里，他的妻子和两个孩子正在家里等他。后来，他们四人送来了一些米饭和

---

1 大博弈：1813—1907年间英国与俄国之间的激烈竞争。英国害怕俄国入侵英属印度，因此双方都试图控制中亚的资源和地理位置。——译者注

煮白菜,我们一直聊到9点。我躺在小床上,身上盖满了我全部的衣服和外套,还有一条小毯子。我点亮一盏小煤油灯,回到我逃避现实的唯一途径——詹姆斯·米切纳的小说《波兰》。

我现在意识到,在长途旅行中书籍确实是人类最好的朋友。我离开北京时,带了三本长篇小说,超过3 000页的故事。前两本我已经看完了,其中一本是令人兴奋的《卡拉马佐夫兄弟》,第二本是埃德加·斯诺的《红星照耀中国》。我把那两本书留在了路上住过的小旅馆里。一旦我读完手中这本书,我就必须面对将近10天无书可读的回京之旅。因此,我小心翼翼地分配时间,细细品味躲进小说中虚构世界的感觉。文字就像深海潜水员的输氧管一样,是我与外界唯一的联系。

我半夜醒来时,发现煤油灯变暗了,炉子里发出暗红的火光。我意识到煤几乎快烧完了,炉火一旦熄灭我就没有办法重新点燃暖炉。当时大概零下20到25摄氏度,寒冷令我周身麻木,我总是被自己呼出的气体所形成的雾气笼罩。我试探着在黑暗中寻找地上的煤堆,但总是不断地撞到机器零件上。

我摸索着爬回小床,手不小心碰到了我的《波兰》。一个令人不安的想法浮现在我的脑海:把小说中的部分书页放进火炉残留的余烬中,或许我就能获得需要的光线来寻找煤块。这本书的前几章我已经读完了,这意味着我即使舍弃前面50页左右的内容,也不会影响现在的阅读。我慢慢地撕掉前十几页,尝试将它们放进余烬中取火,但没有成功。我再一次把手伸向书,又撕掉了十几页。我把书页的一半放进了炭灰里,惊奇地发现它们被点燃了。我用两只手护着火苗，在摇曳的黑暗中搜寻剩下的煤炭。当火就要烧到我的手指时，我只好把书页扔到地板上，透过正在燃烧的书页，我看到摆放在炉子后方的煤炭。我在刚点燃的火焰余烬上放了一些煤炭，焦急地等待着温暖。但什么都没有发生。

随着书页在肮脏的地板上慢慢燃烧，我意识到点燃煤炭比我预想的更具挑战性。我又一次撕开我的米切纳，来不及细数，我又撕下希望是40—49页的书页，再次将它们扔进火炉里，炉中泛起了红色的火光。我需要生一堆更大的火，但我仍然不愿放弃最后600页的《波兰》，那是我仅存的精神支撑。我把手伸进背包，掏出一双旧袜子和一条旧内裤。这些衣服很快就烧着了，开始散发出光和热——我终于感到了一些温暖。我把煤块放在我的小篝火上，但很快火苗就被黑烟吞没了。我必须让火继续燃烧，于是再一次抓住了《波兰》。

我借着火光，看到自己已经撕掉了小说的前75页。我倒在火堆旁，试图借助这微弱的火光来阅读接下来的5页小说。我把那几页撕下来，然后把它们丢进火里。我又快速阅读了5页，再次将它们投入火中。我当时想起自己还有一些小面额的中国纸币。其中一些还不到5分钱，所以我翻出口袋中的零钱，把它们放在火上，争取更多时间继续阅读。我就这样颤抖着度过了接下来的30—60分钟，直到煤炭发出光芒。我的手已经冻麻了，我用炉钩舀起燃烧的煤块，把它们放进炉中。大约过了30分钟，当炉子周围的温度超过冰点时，我终于笑了。

第二天早上，店主敲门进来，发现我被埋在衣服堆下面，炉火又一次熄灭了。他急忙伸手去拿煤，掏出火柴，点燃了煤堆上方的一个小架子上的柴火。原来它们一直都在那里，但我因为只关注房间的下方，没有看到它们。我对自己笑了笑，想着自己点燃火焰的方式是多么的冒险和浪漫。虽然我没有到达巴基斯坦，但我确实了解了波兰，以及这个世界上某些最偏远地区的艰苦生活。

1985年4月25日
藏身在去拉萨路上的哈密瓜堆里

我已经在格尔木待了两天，因为司机们认为带一个外国人去拉萨太过敏感。在被拒绝了很多次之后，我终于找到了一辆开往拉萨的哈密瓜运输车。

司机是来自哈密的维吾尔族人，他花了24小时才到格尔木。他很友好，也很有商业头脑，我们谈了10分钟，最后他同意收40美元带我去拉萨。他吹嘘自己是青藏公路格尔木到拉萨段开车最快的司机之一。他提前30小时到达，就会得到一笔奖金。我们明天一大早就出发。

1985年4月27日
危险的拉萨之路和我下巴上的新纪念

这位司机充满了短跑运动员式的激情，而非马拉松运动员的毅力。这让我感到害怕，因为他的眼皮经常因为疲劳驾驶而不住地"打架"。每当我看到他又打瞌睡的时候，都试着和他保持交谈。昨晚11点，我们通过了安全检查站，当时我躲在后面成吨的哈密瓜下瑟瑟发抖了一个小时。后来，我因为太累就睡着了，没再留意他的状况。凌晨3:30，司机又打瞌睡了，我们的卡车冲出了路面，差点翻车。我被从前方甩了出去，撞碎了挡风玻璃。他也被方向盘撞得鼻青脸肿。

我们当时前不着村后不着店，没有诊所，没有休息站，也没有食物。事实上，在几百公里的路程中，唯一的文明迹象，就是翻倒在路边锈迹斑斑的卡车，如同腐烂的猛犸象。午夜时分，我们遇到了一起刚刚发生的事故，一辆卡车翻倒在道路对面的小沟里，卡车的轮子还在转动。

我问司机是否应该停车，他回答说我们无能为力。我回头看了看，想确定是否有人在那辆翻倒的卡车里或卡车周围走动，但唯一的声响只是翻转的车轮，和小山上随风舞动的经幡。

司机试图用一种若无其事的男子气概来掩饰自己的事故，就好像他是有意将车开出公路，差点把车掀翻一样。

"我的淤伤没什么大不了的。"他一边说一边掀起衬衫，他的胸腔上浮现出了一个方向盘把手形状的淤青。

"就把你的伤当成去拉萨旅行的纪念品吧。"他开玩笑说，"去年，我弄坏了一个钻井平台，摔断了肩膀。相信我，这不算什么。"

我告诉他，除非他休息几个小时，不然我拒绝开始下半段的行程。我和我的决心使他困扰，很显然，他这次旅行的奖金没了。当然这种困扰并没有持续太久，这位从青海草原勇敢起跑的短跑运动员很快就睡着了。

为了止血，我翻出多余的衬衫放入雪中浸湿，冰敷在下巴上。我们停了差不多3到4个小时，司机没有动弹，也没有任何车辆从我们身边经过。我被剧烈的头痛和恶心折磨着，无法休息。为了不吵醒司机，我悄悄地爬出卡车，走进了周围的山丘。我没有意识到自己全身的疼痛可能不是因为车祸，而更像是高原反应的结果。但是，5 000米海拔的稀薄空气使天空布满了数量繁多的星星，而那回荡在夜空中的孤独以一种陌生的方式让我平静下来。我被困在世界上最高的山口之一，衣服上沾满了血，浑身疼痛，瑟瑟发抖，呼吸困难，但从未像现在这般清醒地活着。

下午早些时候，我们到了拉萨。只有两家旅店可以接待不定期从成都飞来的外国旅游团。一家每晚20美元，另一家2美元。我选择了后者，于是司机把我送到了八朗学旅馆门口。

我走进旅店，发现前台空无一人，面前摆放着在中国随处可见的实木沙发，华丽但并不舒适。外面的温度已经接近冰点，但因为角落里还有一个小煤炉在燃烧，旅馆里的温度还可以忍受。我坐在火炉边，等待有人出现。一个小时后，因为必须去上厕所，我走到接待台的一侧，进入了一个巨大的没有铺路面的中庭。庭院中间有一个水泵，是酒店唯一的水源，水泵周围因为气温的寒冷形成了一个小冰圈。厕所位于院子的后墙边，是一个简陋的室外厕所，只有一个小棚用来盖住老式厕所的陡峭排沟。

"喂，谁在外面？"一个声音从二楼的房间里飘出来，所有的房间都开着窗户，迎接着傍晚的寒冷。"上厕所一块钱。"

一个穿着藏族服饰的妇女跑下楼梯来收钱，当她走到楼下的院子时才注意到我是个外国人。

"欢迎来到八朗学旅馆。洗手间免费！"她笑了，"我叫德臣。对不起，我之前在打盹，因为旅店现在没有其他客人。我现在给你找个最好的房间。"

德臣把我带到二楼一间宽敞的房间，里面有四张床位，我立刻关上了窗户。她端上来一些还在燃烧的煤块，我们费了20分钟才把房间的炉子点燃。

"需要几个小时才能暖和起来，先到我们的餐厅来吃晚饭吧。"她说，"我们有鸡蛋炒饭，还有蔬菜炒饭。"

"你更喜欢哪个？"

我开玩笑说："除了炒饭，我猜也没有其他选择。"在八朗学旅馆住了一周，我和德臣一起吃了近20顿这样的饭菜，这只是第一顿。

1985年4月30日：喇嘛、手镯和一堂课

多么令人兴奋的一天！我在日出前醒来，步行6公里到达了天葬地点。西藏人相信，人死之后尸体只不过是一个空的容器。由于青藏高原大部分地区都是岩石，无法进行土葬，而且树木稀少，也很难进行火葬，天葬为死者提供了一种最慷慨的布施。

走到大约一半的时候，我从沿途小路的阴影中听到凶恶的咆哮。天还没亮，我又没有带手电。我不清楚这咆哮声是否来自普通的看家犬（最有可能是具有攻击性的藏獒），也分不清它们

是被拴在门口，还是在墙后的宅院中。进入一个狭窄的区域，我看到四五只没拴着的狗挡住了前方约二十米的路。我和群狗之间，有一间木头屋顶已经坍塌的夯土小屋。我立刻跑向倒塌的土屋，进去后立刻关上了摇摇欲坠的木门。狗群追着我跑过来，开始不断地扑门，喉咙里发出令人感到毛骨悚然的低吼。我用倒塌的房梁顶住门，躲进了土房的里面。

这个小土屋看起来曾是一家小卖部。墙上挂满了褪色的日历和商品海报。柜台上方有一扇木窗，能看到外面的小路。透过两块残缺木板间的裂隙，我可以看到外面的狗。

15分钟，半个小时，一个小时过去了，狗还一动不动地守在门口。就在那时，我听到了一个声音。狗停止了吠叫，沿着小路向前跑了。我透过残破的木窗，看到一个人经过了我的避难所。我用中文喊道："你能帮帮我吗？"他环顾四周，想知道这声音是从哪里传来的。

我把手伸出窗外试图吸引他的注意，"我是一个外国人，狗想吃我！"我用我基本的中文说，"我该怎么办？"

那人透过窗户偷看了我一眼，微笑着说："你在里面干什么？那家商店几年前就关门了。"

这个男人一手拿着念珠，一手转着转经筒。

他对我说："狗回家了……别担心。"

我拆掉了顶住门的木梁，打开门，见到了强巴喇嘛。他没有离开，而是和我一起进了避难所，开始和我聊天。

"我从前住在前面山上的寺庙里，大约三十年前搬到了拉萨。现在我每周仍然会徒步去寺庙一次，"他解释说，"但我从来没有在这条路上遇到过外国人。今天是个吉祥的日子。"

强巴喇嘛今年65岁。他今天身穿一件破破烂烂的"初巴"——一种传统的藏族长袍，下身搭配着羊毛长裤和熨烫过的长筒毡靴。

我告诉他："我想去看天葬。"并给他看了德臣为我写的汉字和藏文。

他拉着我的手，带我上了山。我起初犹豫了一下，担心那些狗会再次出现，但他笑了，将手放在我的心口，用英语说："Be peace（保持平静）。"于是，我沉默着继续往前走。

强巴喇嘛带我去了他从前修行的喇嘛庙。大经堂里的法坛上有一些未完成的新佛像。强巴喇嘛用手语告诉我他正在帮助重建这些唐卡。他示意我坐在法坛旁边，然后消失在房间后面的一扇门里。几分钟后，他拿出茶壶和杯子，为我们俩倒了些热茶。

强巴喇嘛拿起一些小工具，开始画其中一幅佛像。我给他续了些茶。整个上午我们都坐在一起。随后，我陪他在和煦的阳光下回了拉萨。

回到旅馆，我拿出100元人民币，递给强巴喇嘛。我用手语表达了我想为他的寺庙做一点贡献的愿望。他一开始很生气，停下脚步，指着我的心说"平静"。在我的一再坚持下，他终于同意接受了我微薄的捐赠。我们用温暖的"阿弥陀佛"互相告别，他缓缓地离去了。

过了一两分钟，他转过身对我喊道："请等一下。"我看到他在舔他的右手臂和手腕。我的第一反应："他是不是被蜜蜂蜇了？"

我有些担心，赶紧朝他的方向走去。他好像在和右手腕上的什么东西较着劲，不断用左手拉着，还把右胳膊放回嘴里继续舔。

我走近他，问道："你还好吗？"

他宽慰地笑了笑，从"初巴"长袍里抽出一只厚厚的象牙手镯。这只手镯他已经戴了几十年了，他舔手臂就是为了帮助手镯从手上顺利滑脱。他用双手托着手镯，将它递给了我。

"这个太特别了，"我争辩说，"我不能要。"

"我愿意送给你，希望你会记得我。"他回答道，"今天的狗吓到你了，但是现在你的心已经平静多了。这就是佛的精神。请不要忘记。"

他抓住我的右手，开始把手镯滑到我的手腕上。我比他重，所以要使劲推。我们问附近的一家餐馆是否可以要一些食用油，他把油涂在了我的手上。终于，它滑到了我的手腕上。我们都大笑起来。

"很合适。"他说着，慢慢地离去了。

1985年6月15日：敦煌沙漠，救命的海市蜃楼

昨天，我经历了一次近乎崇高的体验。我在丝绸之路古城敦煌外的沙漠里，遇到了某个人，或某种东西，他们把我带到了安全的地方。参观完莫高窟后，我觉得有些无聊。敦煌，这个古

丝绸之路的"咽喉"，如今没什么好看的。然而，从敦煌宾馆三楼的窗户远眺，我可以看到城南高耸的鸣沙山。它们看起来只有几公里远，我说服了旅馆的工作人员帮我租了一辆自行车，然后开始朝着沙丘的方向骑行。在土路的尽头，我停了下来，把自行车藏在一些沙子下面，开始徒步进入沙漠。

我翻过第一座沙山，看到东边的沙丘之间有一个小湖。我之前看过湖的照片，认出那就是有"沙漠第一泉"之称的"月牙泉"。这是一个不可思议的地方——一个形状宛如一弯新月的小湖，环抱着一个不到5米宽的青翠水源地。从湖的东面看，它如同一个欢迎的微笑；而从我所在的西边沙丘上看，它则好像是一个不祥的皱眉。

经过两三个小时的攀爬，我意识到天黑前无法赶回敦煌了。我离敦煌市不到20公里，而且我相信敦煌上空的光污染会为我指引方向。我斜躺在一个最高的沙丘上，打开了唯一的饮料——一小瓶橘子汽水，等待日落。

血红色的地平线很快消失在黑暗的笼罩下。远处的闪电一闪而过，西方涌现出一股湍急的流沙，向身处东方的我袭来。20分钟后，沙尘开始猛烈击打我的皮肤，这激起了我的好奇心，却没有引发我的恐惧。因为从来没有在芝加哥经历过沙尘暴，我以为即将到来的风暴不会太严重。

风沙迎面刮来，无法遏制地灌进我的眼睛和嘴巴。因为离开酒店时气温很高，当时我身上只穿了背心和短裤。随着风越刮越猛，飞沙吹打着我的皮肤，感觉就像被无数只蜜蜂蜇伤。沿途的脚印已经被风沙掩埋，我惊慌失措，迷失了方向。闪电来了。作为方圆几公里内最高的人，我急忙跑下沙丘，希望能在沙丘底部找到避难所。

沙丘之间的沟壑形成了小型的风洞，狂风越来越肆虐，风声甚至淹没了雷声的轰鸣。然而黑暗中，空中闪电频闪，不断争斗，就像一台坏掉的黑白电视屏。因为逆风前行根本无法睁开双眼，我只好任由风推着我向前。

就在这时，有个身影出现了。每一次电闪雷鸣，我前方的空旷地带都会隐约浮现出一个身影，事实上，是两个身影：一个人，牵着一匹马，仿佛正在十几米远的地方前行。我朝他们的方向赶去，但他们如同在躲着我一样，总是近在咫尺却又远在天涯。我大声向他们呼喊，但是喊声瞬间就淹没在狂风和雷暴之中。我朝着那一人一马的方向奔跑了无数次，结果在接下来的闪电雨中，他们已经遥不可及。

但随着每一次电闪雷鸣，这些身影变得越来越清晰。那个人影好像穿着一身飘逸的长袍，头上裹着头巾。那匹马更像是一头驴，体型较小，不那么优雅。这些身影从来没有回头看我，但也从未遗弃在后面艰难追赶的我。

风暴持续了两个小时。我跟着远处的身影走了将近90分钟。随着沙尘暴的减弱，西边的天空出现了星光点点。那些身影从未离弃我。我很想在风暴过去之后感谢他们。我走下另一座沙丘，每一步都边走边滑。云终于散去时，我才发现自己已经在沙漠边缘，我的自行车就在前方100米远的地方。我转头望向那些身影，却发现他们已经消失得无影无踪。我回身朝他们的方向追寻，重新爬上沙丘，想看看他们是否在把我带到安全的地方后又返回了沙漠，却没有发现任何踪迹。我倒在自行车旁，透过暴风雨的残骸窥探夜空，迷失在繁星闪烁的宇宙迷宫中。我对着沙丘喊道"谢谢你们"，但是我很快就因泪水哽咽，泣不成声。

回到敦煌宾馆后，我写了这首俳句：

沙漠之面纱
无信标之幻影
空留无形足迹
身心困乏，应好眠。

松潘古城外的西藏男孩　1987

西藏人打台球 1987

西藏家庭 1987

西藏男子与孩子 1987

1985年7月4日：在长城边抢一个本垒打

上个月，我收到了一个大包裹，里面是十盘录音带，包括三场完整的芝加哥小熊队棒球比赛。昨天早上，我收拾好两个棒球、手套、睡袋、随身听和磁带，以及所有的棒球录音带，坐上了开往长城的公交车。我已经去过八达岭的主要旅游景点。我的中国同学告诉我，万里长城最美、最古朴的一段在八达岭以西。在公交车上晃了两个小时后，公路旁的山脊上出现了长城的遗迹。我们又在峡谷里蜿蜒行驶了30分钟，直到我要求下车。司机关切地看着我。

"方圆几十公里内什么都没有。"他对我说，"你确定要在这儿下车吗？”

我指着路边山上的长城说：“我就是专程为它而来的！”

我爬上一座峡谷，抵达一处古城台的遗迹。长城向墙台两边延展，我继续沿着长城向西走，大约一个小时后爬到一座山的顶峰。在一座日益风化的古烽火台上，我打开睡袋，放下一小包冻饺子和一袋大白兔奶糖，拿起我的手套、球和随身听，爬到城墙脚下。

芝加哥小熊队棒球比赛的嗡嗡声总是在我的夏夜回荡，偶尔还会被小熊队著名体育解说员哈里·卡雷（Harry Caray）激动人心的叫声打断：

“那边有一记远投，外野手靠在墙边。天哪！这是——一个本垒打！”

在家人寄给我的棒球赛录音磁带中，我数了一下小熊队球员总共打出了7个全垒打。他们只选择了小熊队的胜场，尽管结果都在预料之中，我仍然很兴奋，直到决赛结束。

每当哈里·卡雷惊呼一个本垒打，我都会拿起手套，尽可能把球投得高高的，然后把自己靠在墙上。

但这不是普通的城墙，这是万里长城，我会开玩笑地重演每一个本垒打：

“后退，后退，可能吗？布莱恩面对着长城，接住了惊人的一球！”

我是一个年轻人，思念家乡，思念芝加哥夏日的声音。昨晚我几乎彻夜未眠：兴奋的情绪，动物出没的沙沙声，刺骨的寒冷使我的露营之夜变得十分难熬。但我永远不会忘记背靠长城，夺走莱恩·桑德伯格（Ryne Sandburg）的全垒打，或者向成千上万北方来犯者的游魂吟唱《带我去玩球》（*Take Me out to the Ballgame*）。

1985年8月15日：昆明火车站的情绪崩溃与因果业力（崩溃与宿缘）

昨天，我从成都坐了24小时的火车到昆明站下车，之后立刻去售票处买了去桂林的车票。走在火车站里，我惊讶地听到两个人在用英语大声争吵。我顺着声音看去，发现是一对中年美国夫妇，他们似乎处于情绪崩溃的边缘。候车的乘客们聚集在这对夫妇的周围，目不转睛地盯着他们，而车站的工作人员却因为不安而选择忽视这一奇观。没有人会说英语，也没有人知道该怎么办。

我走近那对夫妇，丈夫看到我立刻哭了起来。

妻子说，他们是来自加利福尼亚州的教师，上周刚在香港参加完一个会议，然后从香港飞抵昆明。他们原本计划返程时进行一次火车冒险之旅。

酒店十分贴心地为他们购买了火车票（这对他们帮助极大），却告知了他们错误的出发日期。车票上显示他们应该在前一天（昨天）离开，而接下来一周开往广州的火车票早就卖光了。这对夫妇被困在昆明，而三天后他们从香港飞往洛杉矶的返程航班就要起飞了。丈夫继续哭泣，而妻子，两个人中较为坚忍的一个，问我是否有其他选择让他们如期回到香港。

车站工作人员解释说，从昆明到广州每天只有一个航班，而机票提前几个月就已经预订一空了。他们提出了一个方案：

- 晚上搭乘夜车去贵阳。
- 换乘另一班火车去广州。
- 最后搭乘直达香港的广九直通车（粤港直通车）。

即使对一个会说中文的人来说，这也是一次颇为艰巨的旅程。我和这对夫妇探讨了这个行程，他们愿意尝试一下。

我原本计划在云南待一个星期，但我觉得应该帮助这对夫妇。我和车站的工作人员交谈了一下，看能不能弄到三张当天晚上去贵阳的火车票。我知道肯定买不到卧铺票，但没想到连硬座票都没有。上火车时，我们和几百个人一起拼命挤进了车厢。我们身后还有几十名乘客，后上车的旅客继续挤压、推搡着我们，直到我们被挤到厕所门外。我觉得这样很方便，因为下午在车站的软卧候车室，大部分时间我们都在没完没了地喝茶（我们每人多付了一美元，才能用上软座椅和热水机）。我自豪地笑着，告诉这对夫妇我们运气不错。厕所的指示牌上显示着无人，我于是尝试去推门，但只能推开几英寸。我又使劲一推，门却反弹了回来。我扒开一条门缝，看到五六个人挤在厕所里，摇摇晃晃地站在水槽和马桶上。厕所仿佛是这些人的私人套房，没有座位的情况下，能待在厕所似乎也是一种幸运，只是我必须整个晚上都站在厕所门口忍受着膀胱的嘲弄。那个男人又开始哭了。

我和这对夫妇在贵阳火车站排了90分钟的队，买了三张票：两张当晚去广州的硬座票，一张我自己第二天早上返回昆明的票（又是站票）。在和这对夫妇告别前，那位女士想给我50美元作为酬谢，但我拒绝了。

　　帮助他们是旅行中因果循环的一部分。我们都遇到过挑战，未来也会面临种种困境。人们相信，举头三尺有神明，广种善缘也可以收获福报，这让努力变得更加值得。当天晚上，业力之神就给了我一个微笑：回昆明的火车上，我在长椅上找到了一个座位，在硬座车厢也找到了一个无人使用的厕所。在旅途中，这些不起眼的小事其实意义重大，想到这对美国夫妇能如期赶上飞机回家（希望他们能保持理性），我在硬座上美美地睡了一觉。

1985年9月23日：醉酒后，迷失河北

　　这几天天气一直不错，所以昨天早上，我开着哥伦比亚广播公司的吉普车经过了巨大的广告牌，上面写着让外国司机调头进入邻省河北的警示。我想驱车500公里去河南探访殷墟所在地——古都安阳。

　　从北京向南行驶了大约90分钟后，我遇到了一个热闹的马市。我停好吉普车，拿出一台专业摄像机。拍卖会上到处都是营

河北的孩子　1985

养不良的马匹和骡子，主人把它们拉出来供数百名农民挑选。农民们从一个动物转到另一个动物，后面跟着一群狂吠的狗和无畏的小猪。买主们都在说这些动物的健康状况不佳，他们大喊："这匹马活不过一年！""那头骡子牙都没了！"他们总是嫌卖家要价太高，而卖家则寸步不让，抬起马匹的蹄子，掰开骡子的嘴巴，露出所谓的完美牙齿。这个动作很有感染力，我放下雷锋帽的护耳遮住脸，掀起军装外套的毛领，试图融入人群之中。不幸的是，我的身高和摄影机的尺寸太过显眼，有外国人出现的消息在人群中不胫而走。

潜在的买主们很快就将更多注意力从拍卖会转移到了我身上。这让卖家有些恼火，开始更卖力地美化叫卖的说辞。甚至连猪和狗都很好奇，试图挤过蜂拥而至的人群，看看究竟是什么扰乱了卖家一天的苦心。

我被农民们包围着，其中最近的一个站在离我不到3厘米远的地方，其余的围观人群至少向外辐射了半米远。他们只是盯着我，一句话也不说。主人们把好奇围观的动物叫了回去，因为失去了拍卖的大好势头而倍感失望。农民们没有让步。最后，一个年纪最大的男人对我说：

"你是苏联人吗？"他问，并告诉周围的人说我一定是苏联人。

"不，我是美国人。"我回答。

那人把我的国籍告诉了围观群众，关于我是美国人的回声一浪高过一浪地压过了卖家们的叫卖声。

"你来我们村里干什么？我们这儿没什么可看的。"一个人问道。

我告诉他们，我正开车从北京去安阳，想去他们的村子里看看。农民们非常高兴，护送我穿过镇上脏乱的街道，并向我展示了他们的村委会，还有他们扫盲补习文化课的地方。叫卖的商贩们意识到他们失去了潜在的主顾，很快也开始跟着人群移动。除了好奇地尾随人群的小猪外，其他动物都被留在了集市上。

在一户村民家吃过午饭后，我离开了马市，继续往南行驶。车开到河北省省会石家庄附近时，我意识到汽油快用完了。我随身带着汽油券和粮票，这些在大城市以外的地方依然很常用，但我却找不到加油站。在北京，只有少数几个地方能让外国人购买汽油。而在农村，这种地方似乎根本不存在。

在路上，我问一个卖菜的小贩——他可能还在谈论那个开着老式军用吉普车的疯狂高个子外国人——是否知道在哪里能买到汽油。他指着一个大院的方向。大门是敞开的，所以我开车进去找加油泵，但很快发现根本就没有。因为村子里的汽油是用塑料桶分发的。我走进一幢水泥建筑天真地寻求帮助，受到了一群面带惊讶和担忧的民警及干部的欢迎。当我在办公室里等候时，他们指了指北京的方向，互相敬着烟，拍着后背，热烈地交谈着，欢迎村民们的到来，甚至包括卖菜的小贩。所有人都对他们中间的这个老外感到好奇。

一两个小时后，官员们回来了，跟我说我犯了错误，让我写一封自我检查。我用英语写了一份，然后他们便邀请我留下来一起吃晚饭。

办公大院里没有多少汽油，他们给我的汽油只够我开4个小时的车回北京。晚饭是在老年人活动中心吃的，中间穿插着许多当地廉价的高粱酒和祝酒词。全村的男女老幼都参加了进来：小孩们钻到我的凳子下面，试图把我的鞋带绑在一起；年长些的男人们摸着我的头发，捏着我肩膀和胳膊上的肌肉；女士们穿戴着随处可见的红军帽和人民装，往我的酒杯里倒满烈酒。

在整个晚餐过程中，有个30多岁的男人一直坐在我身边，却始终滴酒未沾。当我与周围的人为中国和美国干杯时，他微笑着，但一口没动。频频敬酒时，他在我耳边低声讲述了他的故事。他从十几岁开始酗酒，直到两年前才戒掉。但他母亲仍不放心，时刻紧盯着他，他母亲就坐在隔壁桌。听了他的故事之后，我才注意到有个老太太是多么专注地盯着她的儿子。那个男人让我和他母亲聊聊他酗酒的问题。

他把我拉到邻桌，介绍说我以前也是个"酒鬼"（"酒鬼"就是嗜酒成瘾者——我第一次听人这么说）。他告诉他的母亲，我可以客观地证明他是清白的，因为我之前也有酗酒的毛病。他对母亲说，他不希望母亲为了防止他酒瘾复发，随时随地都跟着他。他担心自己之前的抗争会带给母亲太大压力。我告诉他母亲，我的家族中从前也有人酗酒，每个家庭成员都应该支持他，而不是批评他。我还想再跟她说几句，至少告诉她，我觉得和她这样分享自己的隐私有点儿尴尬，因为我和她儿子才刚刚认识。但还没等开口，我就被喝酒的人群又拉回了原来的桌子。接下来的五分钟里，这个曾经的酒鬼试图说服他的母亲，我的证词可以证明他的清白。他母亲看着我——一个22岁的外国小伙子狼吞虎咽地喝着二锅头——显然，她不认为我是评判她儿子问题的最佳人选。

晚餐8点左右才结束，官员们微笑着向人群宣布我必须回去了。我们一步三晃地走回到吉普车旁。考虑到晚餐期间摄入的酒精量，我本以为自己会在村里过夜。然而，人群送了我一盒香烟，一塑料瓶白酒，还有一些晚餐吃剩的饺子。一些小孩子试图躲在吉普车后座上，我花了15分钟才把他们礼貌地请了下去。我在没有灯光的乡间小路上开车回家，摇下车窗（吹吹冷风），经常开关车头灯迫使自己保持清醒，凌晨3点才终于回到北京。我吐了，然后倒在床上，希望晚餐时认识的朋友能从我说的而不是我做的事情中得到启示。当然，安阳还得再找机会去。

1985年12月10日：北京一家酒店的自杀疏导

在过去的三天里，我一直试图阻止一个自杀者，或者说也要防止他伤及无辜，包括我。之前在电影摄制组认识的一位朋友想让我帮忙应付一个来自欧洲的游客，这个人把自己锁在北京一家酒店的房间里，并威胁要炸掉酒店。

我这位在电影制片厂的朋友说，没人能和那个欧洲游客进行交流，所以他们希望请我帮忙。起初，我以为他是在开玩笑。这似乎更像是电影中的情节，或许是他们正在酒店拍摄的一个桥段，需要我在片场客串一下临时演员！

然而到酒店后，我就发现这是一场真正的危机。酒店的工作人员已经封锁了大楼的高层。总经理告诉我，他们到房间借送食物的机会，看到那个人在床边的控制面板上安装了某种装置：一把餐刀在面板上翘起的两根电线之间摇摇欲坠。那个男人声称，如果把餐刀拿走，就会发生爆炸。

我和两个全副武装的防暴警察一起爬上楼梯，来到那个男人所在的楼层，警察手里都拿着钢铁般坚固的防护盾。他们将我护送到房间，对我竖起大拇指，然后迅速撤离。当我在客房外等待时，他们的高度戒备并没有给我带来多少信心。

一个衣冠不整的中年男人打开门，礼貌地迎我进屋。他房间里的窗户四敞大开，室外温度只有−5℃，我们的讨论化为凝结在冷空气中的呵气，给这起危机事件增加了某种超现实主义的荒诞感。他已经完全拆除了控制面板的内部机芯，餐刀放置在一堆书上，隔开了两根电线，电线的另一端消失在墙里。

这名男子借口去洗手间，但20秒之后就回来了，他只洗了手。在接下来的48小时中，每隔几分钟他就重复一次，水槽里的水必须随时待命。

他是一名工程师，被总部派到中国援建一家工厂，工厂位于北京城外约100公里。他一句中文都不会说，所以来中国几个星期后，他开始变得越来越偏执，认为同事说的每一句话都是在嘲笑他。我告诉他事实并非如此——中国人民非常好客，也十分尊重他人。但他似乎已经钻进牛角尖，怎么劝都听不进去。

床上的枕头被褥已被他挪走，堆在窗户旁边。他告诉我，他睡在窗边是为了呼吸新鲜空气。这很讽刺，因为当时的北京到处都笼罩着灰色的雾霾。我坐在一张椅子上，他开始说道：

"你知道贝尔托·布莱希特是查理·卓别林的铁杆粉丝吗？"

接下来的两天充满了各种不可思议的对话。这个男人非常聪明，言辞间充斥着华丽的辞藻，不知是由于紧张还是寒冷，沉默对他来说似乎难以忍受。可惜的是，他长达数小时滔滔不绝的"演讲"，经常被去洗手间的刻板行为和偶尔送来的简餐所打断。

酒店为我提供了额外的床单、被褥等寝具，我在他的窗台、"平衡引爆装置"以及空荡荡的床铺对面腾挪出了一块儿空地，铺好了地铺。每天快结束的时候，他喋喋不休的速度会慢下来，我们不停地切换着电视节目，电视机中传出的中文如同催眠曲，哄他进入了梦乡。

第三天早上醒来时，我发现一位使馆官员正站在门口。他拥抱了那个男人，并说服他出去兜个风。使馆工作人员开车直接把这名男子送去了机场，男子的一位家人早上刚刚乘航班抵达北京，正在那里焦急地等待。我已经精疲力竭，浑身脏兮兮的（因为担心他会做出极端的行为，我一直没敢洗澡）。为了表示感谢，酒店让我在他们的一间套房里休息了一晚。那个所谓的"平衡引爆装置"（平衡刀和一堆乱七八糟的电线）事后被证明是无害的。酒店在不到一个小时的时间里，就重新连接了所有的电路和设备，第二天房间又恢复了正常使用。当这个男人离开酒店去机场时，他对我喊道："贝尔托·布莱希特也爱马克思，请记住这一点！"

昨晚在酒店房间里，我舒舒服服地泡了个热水澡，今天一早回到了宿舍。过去的48小时让我筋疲力尽。显然，有些人的确不适合旅行。

20世纪80年代在中国旅行需要一种浪漫主义精神。这块大陆从北京向北、向南、向西延伸数千公里，但旅行者对于这片广袤大地上的现实几乎一无所知。地图和旅游指南上只有部分省会城市的介绍，偶尔也能读到一些神圣的山脉或古老的寺庙，但更让我兴奋的是它们之间的"未知地带"，这种对于未知世界的渴望会泛起一阵阵不安的涟漪。像许多旅行者一样，我也会被未知和潜在的危险所吸引，但正是这种隐约的不安感让每次出发都变得非常困难。

爱尔兰哲学家埃德蒙·伯克（Edmund Burke）在眺望汹涌浩瀚的大海时描述了一种类似的情绪。就像一个准备离港远航的水手，不可逆转地前往未知之地总是会令我不安，使我在恐惧和期待中辗转难眠。为了挑战自己，我勇敢地选择了最偏远的目的地和最艰难的路线。我年轻时在美国的不安全感在中国的偏远地区被治愈了，我变成了一个更加自信和睿智的人。直至今天，我仍对未知事物怀有敬畏之心。

伯克认为，当美与恐惧联系在一起时，人们对美的欣赏是发自内心的。恐惧是一种比快乐更强大的情感。我同意伯克的观点：我最难忘的旅行总是与失误和不适相伴，这些都对我的身心构成了挑战。每一个旅行者都希望，这些令人骄傲的旅程，能够成为自身无畏精神的证明。

每次出发前，情绪的大起大落都会成为我旅行的前奏。旅行中所蕴含的真实的甚至常常是想象出来的风险，解释了为什么亚洲传统观念中因果报应的观念，会成为一个人的求生寄托。在行者的世界里，因果业力是我们赖以生存的不成文的戒律。当我们陷入绝望的深渊时，我们的备用降落伞就会派上用场。

在我的整个旅行过程中，我一直依靠下列建议的帮助来适应不同的文化环境。在到访过100个国家之后，我仍然认为这些建议非常值得参考：

1．好好反思你的祖国

虽然周游世界的旅行经历已经改变了我，但我仍然为自己是美国的文化大使而感到自豪。凭借耐心和沉着的社交，我解决了旅途中不可避免的困难。我见过太多丑陋的旅行者，他们在自负和权利的伪装下显得可悲。我渴望成为一个更体贴的旅行者。很多旅行者常在旅途中计较花了多少钱，而我却将旅行视为教育，旅行开销等同于学费支出。我从积极和消极两个方面同时学习，而且经常从消极的体验中收获更多，同时诚恳地欣赏积极的一面。

2．别为小事烦恼

我偶尔也会被欺骗，却从来没有把被骗经历当成私人恩怨。我愿意将这些不愉快的经历当作是学习的一部分，就像我父母在古董市场买错东西一样。我看到许多外国游客为了1美元与出租车和三轮"摩的"司机争执不休，还有一些人在购买当地村民的手工制品时厚着脸皮佯装离开，就为了节省几美分。这些游客匆匆回到豪华酒店后，却毫不犹豫地在附近的星巴克买5美元一杯的咖啡。

3.尊重当地人

没有当地人民的支持，我的旅程不可能成功。然而，并非所有形式的旅行都需要本地社区的支持。对于很多旅行者来说，当地人或许只是用来倒饮料和打扫房间的临时"工具"。我关注的是当地的人与文化，而不是旅行中的奢侈和便利。

我从不讨价还价。如果我觉得自己被多收了钱，我会不带任何不悦，友好地走开。如果价格对我来说很公道，我则乐于支付卖家要求的一口价。其他的旅行者看到我同意照价购买，会替我跟卖家讲价。我通常会告诉双方，我还是会按卖家最初的要价付款，这引起了那些试图帮助我的旅行者的同情和鄙夷。顺便说一句，与其浪费半小时的精力和虚情假意来讲价，就为了节省1美元，我丝毫不介意多花一点钱。我相信在99%的情况下，我所多付的钱对于卖家来说比对我自己更有帮助。

我在中国的出租车上也做过同样的事情。我和司机同车而行20—30分钟，有时或许更长。的哥们时常分享他们的家庭愿望和故事。虽然他们从来不要求小费，但我总会多付一些。这是一种小小的感谢。额外支付小费并没有让我变得贫穷，相反，这是对司机本人、职业精神和沿途交谈的一种尊重。

也许我在40年的旅行中，多付了几百美元。但我从来没有被偷过东西，也没有受过任何人身威胁。因为这些旅程，我交了许多的朋友，并成为一个更好的人。也许这就是因果循环的本质，即一个人可以从自己的日常善行中获益。通过这种尊重和善意，我从旅行中收获了学校老师从未给予过的教育，陌生人的世界确保了我的人身安全和情感成长。如果你的目标是省钱，那就待在家里吧……这样更便宜。

4．享受旅程本身，而不仅仅是旅行目的地

无论是步行、客车还是火车，我们都应该好好欣赏和体验旅行的沿途风景。飞机出行减少了旅行的乐趣，而且每次体验都一样——一次成功旅行的定义就是安全着陆，没有晕机，或者得到了额外的零食。在我看来，这是一种作弊行为（这不能算是真正的旅行）。

相反，火车和客车旅行鼓励你去和邻座的人交谈，启发你的思考，为你从熟悉到陌生世界的转换提供缓冲。在旅途中，每当别人在睡觉或是看手机视频时，我总是看着窗外的风景，在事先印刻在脑海中的地图上追寻自己的旅行路线，期待着即将到来的上坡、下坡和穿越河流。

我曾在火车上度过了250多个夜晚，其中约有200个是在中国（通常是硬座或硬卧）。大部分的旅行我都记得——和我交谈过的人，路过的风景，入睡前读过的书。这样的夜晚大多并不舒适，但不同于那些同质化的飞行体验，它们仍然流淌在我的记忆中。

当我们看着窗外飞驰而过的景色时，会感受到一种时空的连续性，一种获准进入未知世界的特权感。与飞机降落之后出现在机舱外的冰冷景色不同，这种时空的连续性会让目的地因此而变得更有意义。当经由陆地长途跋涉抵达目的地时，每一个目标就像是一个遥远的邻居或朋友。如同和爱人做爱的前戏一样，旅途中的用心渲染会令随之而来的情感体验变得更加特别。

林登身着少数民族服饰在九寨沟　1987

明朝历史上的冒险家徐霞客的塑像　石宝山国家公园

明朝历史上的冒险家

我们需要狂野的滋养……
我们既渴望学习和探索世界
又要求世界神秘而不可探索，
陆地和海洋是无尽的荒野，未经勘测
因为深不可测。
我们永远不会厌倦大自然。

——亨利·大卫·梭罗

"千古奇人"徐霞客的父亲徐有勉是一位无心仕途、以"高隐好义"著称的"南州高士后裔"。虽然徐家世祖也曾入朝为官报效明朝，但"性喜萧散，而厌冠带之交"的老徐却只钟情于山水，热衷于探索明朝不断扩张的疆域。

曾有许多当朝高官和学士慕名来拜访老徐，但通常他都避而不见，总是悄悄遁入竹林，或是悠然泛舟于宁静的太湖之上。

老徐很喜欢次子霞客，称其"眉宇之间有烟霞之气"，经常将自己的域外见闻作为睡前故事讲给他听。父亲的故事迷住了霞客，他开始逃避传统的私塾教育，花更多的时间来阅读父亲的书籍——充满奇人轶事和地方见闻的地理游记。

学堂之上，霞客经常因偷读父亲的书而忍不住放声大笑，这种行为很不符合读书人的行为规范。老夫子常常因此训诫他，并将他在课堂上的"失仪"行为告诉他的父亲。

徐父接到老夫子的投诉后并没有惩罚霞客，反而为自己儿子的志趣感到高兴，并给儿子介绍了更多地方舆志和旅行书籍。老徐笑着说："每个人都有自己的生活方式，怎么能强迫孩子只接受一种方式呢？"

19岁时，年少立志"大丈夫当朝碧海而暮苍梧"的徐霞客原本计划周游九州，问奇于名山大川。不幸的是，父亲突然去世了。根据儒家的守孝规范，霞客告诉母亲王孺人说，他明年也会一直陪伴在她身边。

然而，霞客的决定并未取悦母亲，反而令开明的母亲感到失望。母亲告诉霞客："男儿当志在四方。去远行吧！自由地徜徉于天地之间，拓展你的思维，开阔你的视野。怎么能因为我而滞留家中无所事事？我不希望将你像笼中囚鸟一样困在身边。"

在母亲的感召和鼓励下，霞客收拾起简单的行囊，踏上了他人生的第一次旅程。每次回家，他都会分享有关大明帝国遥远疆域的奇风异俗和不同信仰的冒险故事。他的大多数听众都听得心怀恐惧，只有母亲觉得惊奇，听得饶有趣味。

母亲去世之后，霞客将余生许之山水，行游天下，"达人所之未达，探人所之未知"。在没有任何官方支持的情况下，徐霞客的足迹遍及江苏、安徽、浙江、山东、河北、河南、山西、陕西、福建、江西、湖北、湖南、广东、广西、贵州和云南这16个省份。

更重要的是，在他长达30年的实地调查中，他主要的旅行方式都是背包徒步，很少骑马或乘船出行。涉足之地也大多是荒凉或人迹罕至的偏远地区。

在徐霞客34年的旅行生涯中，他坚持不断地记录旅行日记，这些日记遗稿后来成为其闻名于世的地理学著作《徐霞客游记》书稿的基础。

1636年，49岁的徐霞客开始了历时5年的人生中最后一次旅程。他从贵州西部进入云南，记录下了当地少数民族丰富多彩的民俗传统。徐霞客的《滇游日记》共13卷，约20万字。他在书中高度赞扬了大理地区，称这里冬暖夏凉，四季花开。

"大理是一个宜居的地方。雄伟的山脉和纯净的湖泊，只有在大理才能同时欣赏到它们。"

探访佛教圣地的鸡足山时，悉檀寺高僧长老们用当地的茶道款待徐霞客。在《滇游日记》第六卷中徐霞客这样记述了白族的茶俗："注茶为玩，初清茶，中盐茶，次蜜茶。"

这段文字记录被认为是著名的"白族三道茶"最早的历史记载。"三道茶"中的茶道哲学涵盖了人生的各个阶段：青年时期的苦涩，中年时期的甘甜，以及老年时期的回味。

07　医生的爱情时代与飞鸽时代

在拍摄《他从大洋彼岸来》期间，电影制片厂请我为首都协和医科大学的医生和学生们教授英语。这所医学院由洛克菲勒基金会于1921年创办，步行即可到达位于著名的王府井大街上的北京饭店。王府井商业街的主要购物景点有：第一百货商店、新华书店，以及位于北侧500米的外文书店。我经常光顾一家迷人的帽子店，里面摆满了苏联毛帽（ushankas）。这种帽子在中国被称为"雷锋帽"，它的护耳可以系在帽子顶部或下巴处，以保持脸颊的温暖。这种棉帽在北京寒冷的冬天很实用。在北京饭店旁边，有一个贩卖天津美味糕点的小吃摊。天津是位于北京以东100公里的沿海城市。我会在小吃摊停下来买一个油炸天津麻花。这是当时北京为数不多令人有负罪感的点心之一。

当时，协和医科大学的学生和医生都是全国首屈一指的。我们在一栋老楼顶层的教室上课。那里既没有空调，也没什么暖气，因为冬冷夏热，所以我们要么夏天穿得比较"凉快"，要么按季节裹紧冬装夹克。

虽然学校提供本土英语教材，但第一天上课我就发现学生们希望在课堂上自由发言。他们以前从来没有母语是英语的外教，听着我的中西部英语，他们仿佛被莫扎特的交响乐迷住了一般。最受欢迎的话题是如何结识异性。我们会在课上进行各种角色扮演,从酒吧搭讪,到图书馆邂逅。学生们喜欢学习西方的求爱传统。我经常扮演一个坐在酒吧里的天真年轻人,那些年轻女士会试图和我攀谈。她们的提问方式很迷人:

"你是外国人,对吧?你喜欢中国吗?你喜欢中国女孩吗?"

"你好高啊。你在哪里买的鞋子?"

"你的头发很好看。你在美国算很帅吗?"

虽然这些搭讪的台词并不完美,但它们确实反映了一种对世界的天真与好奇。我的学生们非常聪明——就像那些在约翰斯·霍普金斯大学的顶尖医生一样——更重要的是,他们渴望了解中国以外的世界。那时,中国人和外国人之间很少建立友谊,而且还常常遭遇各种阻碍,但这些年轻学生已经做好准备去拥抱世界了。

我听说在建国门外的外交公寓,有50多盘VHS录像带可供外国人群体租借。一天晚上,我租了一盘《夺宝奇兵:法柜奇兵》,第二天带去了教室。出乎意料的是,有个学生帮我连接了学校的录像机和电视机,我就在教室里放映了电影。我的第一节课是下午3点,我告诉学生们要给他们看一部我最喜欢的电影。大多数学生之前从来没看过美国电影,他们对于电影开头——考古学家印第安纳·琼斯逃离岩石机关那一幕的反应令我难忘。医生和学生们跟随着电影情节,一边惊叫一边左躲右闪。他们完全被带入了电影中,在第一场戏结束时,他们就已经因为过于投入而疲惫不堪。

一些学生跑出去把其他班的同学叫来。有些老师也离开了他们的办公区域，加入了我们班的观众队伍。很快，教室里就有100多人在看电影。电影结束时，学生们互相拍了拍后背，为彼此能在印第安纳·琼斯的夺宝历险中幸存而感到高兴。

到了晚餐时间，其他的学生和医生都聚集在教室外面。不知是谁谎称说我会无数次放映这部电影，当第一波观众开始散场时，他们中有超过一半的人留下来观看第二场，教室外面也已经挤满了人。当滚动的岩石再次追击印第安纳·琼斯时，观众们天真的惊呼声让我热泪盈眶。

这部电影我放了三遍。在接下来的几个月中，我又带来了《第一滴血》和《E.T.外星人》。在看到西尔维斯特·史泰龙反击腐败警察时，我的一个学生激昂地评论道："我们没有意识到美国在越南战争中遭受了多少苦难。兰博代表了越战的情感代价。"

我偶尔会把自行车停在医院附近的停车棚，晚上很晚才骑车回家。我和一位年长的管理员女士成了朋友，她姓赵，会说简单的英语。每次我和赵阿姨坐下来乘凉的时候，她都会给我讲故事。

"对你这样一个年轻富有的外国人来说，一毛钱听起来可能不算什么，但相信我，这些钱真的可以积少成多。每过去一个小时，我的小布袋就越来越重。有时候我能凑到5块钱。"她自豪地告诉我，然后打开她的小袋子，鼓励我往里边看。

"我管的这片儿有50米长，从首都协和医院一直到中央美术学院，是北京城里最好的地段之一。无论刮风下雨，每一个朝这个方向来的人，不论是学生、医生还是病人都会到我这儿来，希望找一个自行车位停车。这里永远是他们的首选。"

我经常看到，赵阿姨赶走那些企图在她管辖的自行车棚偷偷停车的人。这是一场严肃而有趣的对峙，加上戏剧化的表演和肢体语言，足以让一个意大利南部人感到惭愧。

当时的北京正处于自行车生产热潮中。20世纪80年代前半期，中国的自行车数量达到2亿多辆，短短几年就翻了两倍，北京有超过3/4的道路空间都是自行车专用车道。由于私家车占有率不到8%，自行车的停车位总是供不应求。

"那些只想停车不想付钱的人，取车时会发现自行车被我锁上了。这种情况其实不多，因为我能在贪小便宜的人偷偷摸摸停车前就逮住他们。总有一些小丑认为我们这些老太婆后脑勺上没长眼睛。"她骄傲地笑着说。

"你可能认为，我在8小时的上班时间一直在闲逛，但我告诉你，看管500多辆自行车跟你教医大学生英语一样不容易。当然，我也遇到过一些自作聪明的自行车主，但是大部分时间，我都在努力保持自行车的有序流动。没有人希望自己的飞鸽自行车在住院期间消失！

"骑自行车的小年轻儿们认为，他们见到开阔的空间就能随意选择地方停车。可我必须尽最大努力合理利用空间，所以我总是将自行车向左或向右挪10厘米，腾出地方给另一辆自行车。只有这样，这个布袋才能装满。有趣的是，不管我收了多少停车费，月底到手的还是同样的工资。""这么多钱，"她一边强调，一边用手摸着自己的钱袋，"我收的钱都给了地方政府，不管我是否努力工作，我的工资都一样是100块。"

　　"每个月的收入连一只鸡都养不起，我为什么还要在这儿工作？答案很简单，我想找点事做。对一个63岁的老太婆来说，还有什么比在北京最繁忙的社区工作更能让她走出家门，去工作的地方看看朋友，听听最新的八卦消息呢？朋友们每周至少要来王府井几次，我自豪地为他们留了最好的停车位，期待着他们到来。"

　　北京的发展日新月异，赵阿姨自行车管理员的职业很快就过时了，但她依然活跃在协和医院的西墙外。我经常回去看她，通常都会带上一些天津麻花或者一袋糖炒栗子。

20世纪80年代典型的餐馆　1985

火车站候车　1985

与孩子们玩耍　1985

街景　1985

　　我最后一次见到她是在1988年的夏天，她说她的朋友们不再来看她了。"时间改变了北京，我们都老了，"赵阿姨哀叹道，"飞鸽时代已经被宝马和路虎取代了。"

　　在电影拍摄的最后一个月里，我参加了许多宣传推广活动。在一次活动中，我结识了一些国内外记者。我向哥伦比亚广播公司的新闻摄影师提到，北京语言学院似乎没有人监督我的行动。虽然我拿着奖学金在北京学习了两年，但我一节课都没上过。对于20世纪80年代在中国的外国公司来说，一张在华签证是很有价值的"商品"，意味着无限的激情和无价的行动自由。哥伦比亚广播公司的新闻团队对此很感兴趣。我随即提出，想在春季学期到新闻部做志愿者，这个提议出乎意料地被接受了。

　　每天，我乘坐312路公交车去北太平庄，换乘北京当时唯一的地铁线路去建国门外。地铁的出口在清朝古天文台钦天监旁边。我会穿过新开放的、空荡荡的二环路，进入外交公寓，哥伦比亚广播公司的三间办公室就坐落在公寓内。到了晚上，如果赶不上末班车，我就会慢跑10公里回家。

我在哥伦比亚广播公司的第一个任务，是开发一个系统来归档他们节目组在过去10年里拍摄的数百盒3/4英寸录像带。我应用了在美国收集棒球卡和书籍时使用的分类方法，建立了一个按字母顺序排列的文件归档系统，将每一盒录像带按如下主题分类：1．政治；2．文化；3．环境；4．经济。例如，阿瑟·米勒（Arthur Miller）在北京，或罗纳德·里根（Ronald Reagan）访问北京的镜头，首先会被归档在一个特定主题下，然后按内容最关键特征的首字母标记，并进行顺序排列（M代表阿瑟·米勒，R代表罗纳德·里根，W代表Wham等）。我还花时间熟悉了一台老式摄像机的操作。当时中国几乎没有什么"硬新闻"，所以我把注意力全放在了提高自己的摄影技术水平，以及新闻创意的推陈出新上。

接下来的一年半里，我完成了几十次报道。在福建农村，我拍摄了一群退休的美国人，他们开着露营车在中国农村四处游荡。我们的团队在北京电影节上记录了茜茜·斯派塞克（Sissy Spacek）主演的《矿工的女儿》首映式。参观紫禁城时，茜茜大声感叹："太神奇了！"然后我说："肯定不是屠夫谷。"茜茜惊异地看着我，仿佛我是个跟踪狂！我们报道了北京天主教堂圣诞弥撒的复兴和罗伯特·劳森伯格在拉萨的艺术展。展览上我最喜欢的作品是"福州跳舞的熊猫"。

虽然这些时代的片段都不是什么重大新闻，但它们填补了我摄影师生涯主要职责的时光：拍摄中国政府的日常演讲和新闻发布会，以及来访政要的追踪报道。每当邓小平或其他领导人在人民大会堂发表讲话时，我都在现场。当英国流行音乐人乔治·迈克尔、美国国务卿基辛格，或时任美国副总统的老布什晚上10：30搭乘泛美航空公司的航班抵达时，我也在现场。我的生活变成了在中国各地四处追踪报道各种嘉宾活动，我也逐渐适应了一个不再属于自己的日程表。

我最喜欢的新闻事件，是魔术师大卫·科波菲尔穿越长城。在表演"长城戏法"之前，科波菲尔还在北京举办了其他几场魔术演出。他在一个公园里会见了一个新兴魔术团体的几位中国魔术师，又在喜来登酒店为美国社区举办了一场私人魔术秀。当科波菲尔"穿越长城"时，我正坐在一架俄罗斯产的直升机上，在长城上方低空盘旋。当时风很大，飞行过程也很颠簸，所以没有任何一段录像素材符合哥伦比亚广播公司的播出要求。我至今仍然不知道他究竟是怎么"穿过"长城的！

白族民居物品柏宅屋顶

民家或白族：大理人

在我给首都协和医院的医生们放映《夺宝奇兵》的50年前，有一位来自中国东北的年轻学者，也在协和医院做过几年社会工作，他的名字叫弗朗西斯·许（Francis Hsu）。许烺光毕业于上海大学社会学系，后来考取了英国庚子赔款奖学金，并在伦敦政治经济学院获得人类学博士学位。

从1941年到1943年，许博士在一个叫"西镇"的村庄进行人类学研究。后来这项研究的成果在1948年由哥伦比亚大学出版社出版，书名叫《祖荫下》，并于1971年由斯坦福大学出版社再版。许博士和我一样，拥有关于协和医院和"西镇"的记忆，他书中的"西镇"正是我们现在的家——喜洲镇。

许博士写了大量关于当时被称为"民家"的少数民族的论文。来自中国东北的统治者用"民家"来称呼洱海地区的近200万本地居民。1956年大理自治州成立时，根据大理地区本民族的意愿，中央政府正式确定"白族"为该民族统称。

白族的起源尚不确定，但许多学者认为，其起源可追溯到公元3世纪的独立政权"白子国"。"白"的意思为白色，一些学者称，这个名字源自在洱海周边山上开采的白色大理石。北京紫禁城和印度泰姬陵的建筑材质中都使用过大理石。参观者对这里的白墙黑瓦和白族照壁都印象深刻，它们凸显了当地的景观与民居特色。

尽管中国人承认勒墨和那马为白族的两个支系，白族仍是中国民族聚居程度较高的民族之一，这意味着白族的传统，与占中国14亿人口的91%的主体民族汉族最为接近。虽然白族没有自己的书面语言文字，但他们说的口头方言属于藏缅语族彝语支。大多数白族人都既会讲白语，也会说汉语。

　　许博士80年前的研究，至今仍能引起学界共鸣。他的英文著作，为西方了解中国做出了重大贡献。在哥伦比亚大学、康奈尔大学和西北大学的执教生涯中，许博士反驳了西方对中国的固有偏见。他认为在西方世界，中国学者没有得到应有的重视。长久以来，西方认为中国学者只能提供一些数据和轶事，而无法真正为理论创新做出任何贡献。因为西方学者无法超越他们的文化偏见，这些数据和轶事被打包成一个预设立场的模型，即按西方先入为主的偏见来展示中国。许博士的思想在今天依然熠熠生辉，正如他在20世纪40年代第一次写作时一样。

08 北京街头的日常与历险

不要和愚蠢的人争论，因为旁观者可能看不出区别。
——马克·吐温

1984年，整个北京只有两部自动扶梯，都在北京站：一套在楼上，一套在楼下，似乎永远都是坏的。我给它们起了个外号叫"阴阳恋人"，天造地设的一对，只是缺少火花。

北京有几家宾馆大堂的西式洗手间可以向非住宿客人开放：其中一个在北京宾馆的迎客厅侧面。在北京宾馆的正厅，你只要花2美元，就可以买到一杯雀巢咖啡，外加一块大白兔奶糖，但买咖啡并不附赠纸巾。厕所里永远燃着盘香，以遮掩从下水管道散发出的难闻气味。

建国酒店位于天安门广场以西3公里处，是北京唯一一家早餐时段无限量为客人提供咖啡的酒店，同时还配有条件最好的浴室。哥伦比亚广播公司把美国来华访问的同事安置在这里，包括《60分钟》节目组的编导和工作人员。能够在这样具有多种功能的环境中喝上十几杯咖啡，在楼梯上跑上跑下放松自己，真是一种颇为高端的组合。

20世纪80年代北京市景

　　我每月会去北京饭店两次，搭乘电梯到五楼，然后进入美国运通公司的办公室。在离开美国之前，我以75美元／年的价格购买了一张运通信用卡。美国运通卡使我能够用他们的办公地址接收邮件，并把我的旅行支票兑换成美元。我总是满怀期待地走进办公室，这是我与外部世界唯一的联系。后来，美国运通公司代表都认识我了，每次去取包裹时都令我的内心期待变得更加柔软：

"今天有人收到了一个漂亮的包裹。"她吹嘘道，或者"有些很酷的明信片正焦急地等待着你的到来"。

这些包裹通常是最新音乐磁带、最受欢迎的电视节目或小熊队棒球比赛实况录音。我的父母知道我喜欢美剧《陆军野战医院》（Mobile Army Surgical Hospital 1972—1983）和《夏威夷神探》（Magnum PI 1980—1988）。很多个夜晚，我都坐在宿舍外漆黑的篮球场边，听着这些几乎难以听清的节目。我经常发现自己居然被广告迷住了：

白城堡汉堡包（White Castle）有种让人无法割舍的味道。

挑剔的母亲选择吉夫（Jif）花生酱。

可口可乐，就是可乐。

这些广告歌曲，比电视节目本身更能激起我的"乡愁"。对熟悉事物的渴望，总是在夜深人静的时候向我袭来。我很快就会忘记我听过的节目内容，但是那些广告却能在我脑海里萦绕好几个星期。在中国的头三年里，我没有吃薯片、燕麦片、早餐麦片、面包、汉堡、馅饼、奶酪、比萨、牛奶等熟悉的食物。

在拍摄的第二个月，一位不会说英语的北京医生告诉我，我胃里有一条寄生虫。他在笔记本上画了一条看起来像是来自反乌托邦恶托邦敌托邦的大嘴蜈蚣（百足虫），似乎在暗示这只"怪物"正在吃我胃里的食物。我至今仍不知道这条蠕虫（蛔虫？）是不是按比例画的。医生给了我一些25美分硬币大小的驱虫药（Anthelmintics），就像漂浮在美国各地游泳池里的驱虫药分配器所使用的那种消毒药丸。直到今天，我都不知道这条蠕虫是否真的存在过，或依然存在于我的内心深处，所以我决定不去想它。1987年回到美国后，我再也无法消化乳制品，连消化小麦都变得非常勉强。在中国的最初几年里，我瘦了将近7公斤。

20世纪80年代，外国人在中国还比较少见，专门接待外宾的酒店并不对普通中国人开放。各家酒店的客人和出租车，必须通过看守大铁门的严肃警卫才能获准进入。当地的中国人会聚集在大门外，好奇地围观老外们。海外的华侨必须携带护照才能进入这些酒店，但一张非亚洲面孔就可以畅通无阻。我偶尔会邀请中国朋友们到北京饭店喝咖啡，或者一起吃饭。我的朋友们必须把他们的身份证存放在酒店前台，等他们都登记完成后我才能进去。如果我的一些朋友想要提前离开，就必须由我陪同他们一起去前台，并为他们办理出门手续。与此同时，我还必须露出没有刮胡子的脸。

我会把在美国运通驻京办公室兑换的美元存入中国银行。中国银行位于天安门广场西侧的一座古老的欧式建筑里，离毛主席纪念堂很近。银行工作人员会拿走我的美金和护照，把它们夹在两个衣夹和一个滑轮上，然后推向一个混乱的滑动传输系统。这个系统由悬挂在距离地面大约25厘米的不稳定绳索组成。我的护照会飞到房间的一个角落，勉强避开另一位顾客签署的文件，而我的现金则会飞到另一个区域。外汇兑换券（FEC）会在15分钟后到达我的窗口，然后我的护照会从银行远端的滑动绳索处出现。不知何故，一通看似毫无章法的"乱飞"之后，就像中国的自行车交通一样，一切似乎都运转正常。

中国要求所有国际旅客都将外汇兑换成这种独特的"旅游货币"，只有非中国人才能使用崭新的英文钞票。虽然外汇券在理论上应该与人民币等值，但由于外汇兑换券具备很多当时人民币并不具备的功能，比如能购买进口商品或兑换美元，在黑市上，外汇券的价格比人民币高出50%—60%。

我不得不使用外汇券在北京友谊商店购买商品。这幢高大幽深的建筑拥有博物馆般的商品陈设，你甚至可以在中国传统工艺品和中药材展示柜中间，找到当时稀有的罐装可口可乐，甚至一两本英文小说。因为老友谊商店位于北京使馆区附近，总有一些外国政要来店内参观。

在老友谊商店外徘徊了三个月后，我第一次在中国遭遇了不幸。三个维吾尔族人来找我换外汇券。因为我需要人民币，所以我跟着他们来到了友谊商店西侧200米外的一个建筑工地（该项目成为北京第一座高层建筑——中信公司总部所在地）。在竹竿搭成的施工棚和五颜六色的塑料布后面，我交出了我的外汇券。就在其中一个人要给我人民币的那一刻，他的同伙惊叫：警察来了！然后三个人同时朝不同的方向逃跑，其中一个拿着我价值100美元的外汇券。在我环顾四周，意识到附近并没有警察后，我努力追赶其中一个人，结果却在火车站附近的窄巷中跟丢了。我几乎陷入了绝望。

第二周周末，我回到友谊商店和北京饭店周围，寻找那些在黑市上兑换外汇券的维吾尔族人。在王府井大街的北京饭店东北出口外，我看到那三个人挤在一个天津糕点摊旁。我迅速地走近他们，跟他们说把钱还给我。可他们就好像从来没见过我一样，若无其事地朝着北京主干道长安街的方向走去。我跟在他们身旁，用英语大声吓唬他们，引起了交警的注意。三人走到北京饭店门前的一个公交车站，当我拉住他们讲话时，他们正打算登上一辆即将到来的公交车。我截住了这三个人，把他们推到北京饭店的大门口。一些围观者聚拢过来，警察也看向我们，但没有进行干预。这些维吾尔族人可能意识到不值得为一点钱就引起如此大的关注，于是掏出一叠人民币扔给我，蹿上一辆开往天安门广场方向的1路公交车逃走了。

这些皱巴巴的钞票被风吹得四散在人行道上，有些甚至被吹进了北京饭店的铁门里。我尽一切努力追着纸币跑，甚至跑进宾馆去找剩下的纸币。宾馆大铁门里的保安们拿着所有从大门飘进去的钱，骄傲地递给我，并一边赞赏地拍着我的后背，一边叫我"逻辑"。当时我并不理解这个名字，接下来的几年每当我去北京饭店时，这个称呼就会一直萦绕在我的脑海里。

直到 1985 年，我在哥伦比亚广播公司做了一期关于西尔维斯特·史泰龙的新闻特辑，为他主演的电影《第一滴血》在中国最早的外国电影节上首映做宣传，我才发现其实保安们是在叫我"洛奇"而不是"逻辑"。然而在接下来的几年里，我走在北京市中心的街上时总是小心翼翼，担心可能会遭到报复。每次到北京饭店时，我也总感觉像回到了拳击赛场的角落，那个充满坚韧毅力和咖啡香气的空间。

北京饭店是我当时唯一可以冲洗照片，以及给家里打电话的地方。它宽大的建筑外观由三座不协调的建筑组成，每座建筑的建成时间大约相隔十年。正门位于一个不起眼的中国街区，通过一条狭窄的走廊连接着一座苏联"人民宫殿"风格的建筑。

北京饭店的第一栋和第二栋建筑之间有一个小邮局，邮局旁边是一间照片洗印办公室，里面放着当时北京仅有的一台胶片冲洗机。当时拍摄照片的成本很高昂，需要足够的耐心和谨慎。胶卷很昂贵，而且特别不好买。当时在北京，只有少数几家涉外商店出售柯达或富士胶卷，24 张/卷的价格通常为 5 美元，36 张/卷则要 8 美元。冲洗胶卷也同样昂贵，一张照片的成本相当于 50美分。每次我冲洗胶卷时，总要满怀期待地等待三四个小时。当然，照片过度冲洗的情况也时有发生，而且通常是那些以不太讨喜的方式展现中国的照片。

给家人打越洋电话是一项极其艰巨的任务。小小的邮局里塞满了三个单人国际电话亭：

1. 先把电话号码告诉邮局工作人员，然后用外汇券支付押金。

2. 填写一系列的文件，说明自己打电话的原因。

3. 在柜台远端的一张塑料椅上，听别人给他们所爱的人打电话，同时等待工作人员接通外线电话。

4. 通常30分钟后，已经近乎昏睡的我会被一声急促的尖叫声惊醒，然后冲向1号、2号或3号电话亭。

一旦进入电话亭，我就必须和隔壁电话亭的通话者展开音量"竞争"，让家人能更清楚地听到我的声音。越洋电话的通话质量很差，我的声音经常被各种咳嗽声打断，每次电话结束时，母亲都会叮嘱我去医院检查一下，因为听起来好像是我得了肺结核。

这两年多的时间里，我没有离开中国，家人也没有来看望过我，这些电话是我和家人之间唯一的联系。在很多家人看来，这两年多的时间充满了艰辛，但也是我智力和精神的成长时期。我仿佛脱胎换骨变成了另一个人。从很多层面来讲，我进入了一个新的群体。

"吉祥的开端""喜林苑"附近的日出 2020

吉祥的开端

　　杨品相和他的妻子阳开祥穿过喜洲东安门外葱绿的田野，白鹭优雅地低飞着。四处散落的庭院矗立在稻田中，从洱海引来的湖水灌溉着茁壮成长的稻田。一条石头铺成的小路蜿蜒在鱼塘之间，孩子们光着脚丫在鱼塘边捕捉小龙虾。品相正在为他的妻子展示一块土地，计划在这块土地上建造他们的新家。杨品相的商贸事业蒸蒸日上，他希望为自己的大家庭打造一个舒适的避风港。

　　"我们家的宅院，会像郑和下西洋舰队的大船一样漂浮在稻浪中。"品相说。他指的是出生于云南的著名航海家郑和——他曾为明朝的统治者探索过世界。

　　"白族照壁会屹立在大地上，捕捉从苍山吹向洱海的吉风秀水。这一帆风顺的美好寓意，会为我们杨家商号带来繁荣昌盛的好运。"

　　品相描述了他的家宅设计：在近6英亩的土地上建造一座三进式宅院，还包括一个马厩、两口水井、一个停车库和一座后花园。

　　"我们将建造一个宏伟的二层宅院。区别于其他白族传统民居，二楼的作用不仅是储藏室，孩子们可以在二楼的空间学习和玩耍，客人们也可以在二楼的客房休息过夜。"

　　这将是一个令整个喜洲感到骄傲的复合式庭院。

"我们的大院坐北朝南，因而不会阻挡吹向东院的风，吉祥的东风可以畅通无阻地照拂整个院落。"

鹭鸶不打脚下塘[1]

——谚语

喜洲已经有了许多颇具规模的建筑，包括喜洲商帮中最有影响力的四大富商家族——严、赵、杨、尹氏的祠堂。因为走南闯北、见多识广，这些商人家族大多创造了令人印象深刻的建筑，融合了中国沿海和上海租界的建筑元素。品相希望自己的家宅大门能够更加本土化，同时兼具适量的西洋风格。

"我邀请了剑川最好的几位木雕师傅来参加宅院的建造。"品相解释说。他指的剑川，是位于滇藏茶马古道以北100公里处的重要驿站。"我们会在正门入口建一个中西合璧的现代门廊，很像我欣赏的上海石库门风格，但只有临街外门楼会使用西方元素。我们将会通过一个最精致的云南传统风格内门，步入第一个庭院。"

品相兴奋地挥舞着他的手臂，为妻子描绘着一幅幅美好的蓝图。今天是他第一次分享自己的计划，妻子谜一般的微笑让他有些不安。他从一棵杏树上折下一根一米长的树枝，弯腰在泥土中勾勒宅院的平面图，用石头描绘出空间，用小小的稻草

---

1 鹭鸶不打脚下塘：鹭鸶不从脚下的水塘里捕鱼吃，比喻不伤近邻。——译者注

来象征花园。

　　他对妻子说:"为了感谢你一直以来为整个家族的付出,我会请工匠们将代表女性的凤图腾雕刻在代表男性的龙图腾之上,所有进门的人都会明白妻子和母亲的重要性。"妻子努力去想象丈夫脑海中的画面。看着山后缓缓落下的太阳,她相信这里将会是他们家族世代居住的家园。她把品相挥舞在空中的手拉回身边,笑着表示支持,挽着他回到了村口。白鹭在稻田里秧苗的掩护下,淡定地看着他们远去。

生根

09 南京的魅力

你不能责怪地心引力，让人不由自主坠入爱河。

——阿尔伯特·爱因斯坦

南京街头

1987年，我接受了一份奖学金，进入新成立的南京大学-约翰斯·霍普金斯中美文化研究中心就读。这是中美两国之间第一个研究生级别的高等教育国际合作项目，其中还包括和中国同学共享的宿舍。我的室友是一位来自北京的中国海军军官。他昼夜颠倒的生活方式，就如同太极中"阳"的存在，和我早起练习武术和慢跑的"阴"型生活方式形成了完美互补。

南京大学-霍普金斯大学的合作项目，拥有堪称当时中国最开放的学术环境之一。我们外方同学的可选课程包括中国宪法、"文化大革命"史，以及毛主席政治思想等。这些课程由知名的中国教授用中文授课，我们的作业和论文都用手写汉字完成。我毕业论文的选题是《20世纪20—30年代中国劳工罢工问题研究》。前互联网时代的研究是缓慢而乏味的。因为在当时中美中心的小型图书馆内几乎没找到什么可用的信息，我不得不请在美国的朋友帮忙从美国大学图书馆馆藏中复印资料，然后邮寄给我。

与我同届的学员大约有十几个美国学生和同样数量的中国学生。大多数美国学生都在努力完成各门功课的中文阅读材料。而中国学生们的英语说得很好，可以从阅读资料和课堂学习中获益更多。即使已经在中国待了几年，我仍然认为中美中心的课业很繁重。我经常看着文献资料睡着，中文书摊在胸口，直到我室友打了一整夜扑克牌回房间后才醒来。

许多同学和校友后来都从事了与中国相关的职业，并且成就斐然。鉴于中国的重要性，以及我们对这个国家缺乏了解的状况，中国本身就可以被视为一门学科。我认识许多中国学的学者，他们自豪地吹嘘自己研究的是中国——这个国家，而不是中国历史、经济或中医。而我认为，一个人不可能仅仅通过研究一门学科就完全了解中国。

从中美中心到历史悠久的南京大学鼓楼校区步行只需5分钟。南京大学成立于1902年，是中国的顶尖高校之一。鼓楼校区也是许多"大屋顶"建筑的所在地，这种美学风格在20世纪早期非常流行，是西洋式钟楼的一种变体。这些建筑有着优雅的中式屋顶，坐落在敦实的砖基上。

纵观中国的王朝历史，建筑营造方式几乎没有太多变化。中国著名建筑师梁思成在20世纪30年代提出，中国传统建筑的精髓是梁-柱"构架制"结构。即，以立柱四根，上施梁、枋，构成一"间"。这种复杂的建筑结构，将屋顶的全部重量都分散到木质构架中，承重者为立柱和梁坊，而梁柱之间的墙壁并不承重。

南京大学最早的一些建筑是由耶鲁大学建筑系毕业的美国建筑师亨利·墨菲设计建造的。为了向梁思成提出的中国营造美学理想致敬，他和团队用钢筋混凝土结构复制了传统的梁柱"构架制"。不同之处在于，墨菲建筑中的立柱是纯装饰性的，他用木材精心仿制了"构架制"结构，但不承受实际负重，仅起到装饰作用。正是在这些历史建筑的暗影中，我的生活发生了一个幸运的转折。

我第一次见到瑾妮（关宝玉），是在南京大学校园里打篮球的时候。她非常耀眼，可爱得令人目眩神迷：迷人的笑容，高挺的鼻子，健康的肤色，以及脸颊上各种性感的小雀斑。我一开始以为她是不可接近的"禁区"。20世纪80年代，中国大陆的女孩在和外国人约会时要面临巨大的政治和社会压力，如果真的发生了罗曼史，他们就必须尽快结婚。尽管瑾妮很美丽，但我以为她是中国人，并且顾虑到与中国女孩恋爱可能给对方带来很多意想不到的麻烦，我就这样"英勇地"压抑了内心深处的悸动（直到我发现瑾妮是在旧金山出生、长大的美国人）。然而在接下来的一周里，我始终对篮球场上的那个倩影念念不忘。我站在球场旁的看台上，希望能再次见到她。直到那周晚些时候，我才在南大的外国学生宿舍拜访一位朋友时又见到了她。她当时穿着运动短裤和一件超大号的T恤，正在宿舍男女混用的卫生间的水泥洗漱池旁洗头发。我对自己未来的妻子和终身伴侣说的第一句话是：

"不好意思，洗手间里有人吗？"

她在水槽上低着头弯着腰，肩上披着一条毛巾，我的眼睛被她修长匀称的双腿吸引住了。

"据我所知没有，请用吧。"她回答。

我太慌张了，以至于无法若无其事地按原计划去上厕所，但是很快我又故作镇定地回到了洗漱间。瑾妮还在那里，她用毛巾挽起了柔顺的黑发，在头上随意地盘成了一个蜂巢形状的活结。她面带微笑地看着我，眼中充满盈盈笑意（直到今天，我依然喜爱瑾妮微笑时眼睛明亮闪烁的样子）。

"真快。"她笑着说。

瑾妮是我交往过的受教育程度最高的女孩。她最初计划是在圣诞节前返回斯波坎市（美国华盛顿州）。为避免失去她，我觉得唯一的办法就是，用对冒险无法抑制的渴望"淹没"她。这是我和其他追求者之间唯一的区别。在接下来的几个月里，我试图说服她再多留一个学期，让她体验一下我所深爱的这个国家的魅力。在很多方面，我们是在中国的诱惑下彼此相爱的。这个国家和它的人民，至今仍然是我们友谊和爱情的底色。

我们的第一次冒险是戈壁滩之旅。我说服瑾妮同行的理由是，这是一次寻找成吉思汗陵墓的旅程。我们花了几天时间，坐火车北上去内蒙古最大的城市——包头。我们在包头又跳上客车和卡车，进入了黄河大拐弯处贫瘠的平原地带。我们的目的地是位于包头以南800公里的西安——一座汉唐时期的王城。途经的这一地带被称为鄂尔多斯地区，是一片被西北草原上的风沙和尘土笼罩的土地。当时是11月，天气极其寒冷。

包头　1987

包头之旅　1987

　　我和瑾妮坐在一辆拥挤且没有暖风的客运车里，行驶在黄河以南的一条土路上，车上载满了农民、农副产品和家畜。我们发现了一座色彩斑斓的寺庙，独自"漂浮"在冰冻的平原上。我们听说所谓的成吉思汗陵墓附近建起了一座衣冠冢（因为蒙古族盛行"秘葬"，所以至今无人知晓伟大的成吉思汗究竟长眠于何处。这座陵寝是新中国成立之后，为了表达与蒙古族同胞的民族团结之情而修建的）。陵寝黄蓝相间的砖瓦与周围的环境形成了鲜明对比，我们如同置身于"奥兹国"（《绿野仙踪》）墨色中的海市蜃楼。金字塔形的白塔上飘扬的经幡点缀着路上的风景。我们在拥挤的人群中呼喊着"让我们下车"！司机停了下来，但没有人动。我们坐在后排的两个座位上，挤在前方的有50多个人以及各种家畜，我们也不敢麻烦人群移动。唯一的出口是窗口上半部打开的半扇车窗。瑾妮先爬了出去，我紧抱住她，然后再慢慢松手，让她从2米多高的窗口落到沙滩上。我扔出背包，头朝前跳出了车窗，瑾妮的拥抱使我完成了一次非常规着陆。那并不是一次漂亮的着陆，不过我们接下来从客车和货车上屡次三番地逃离，没有一次是优雅的。小客车开走了，土路上只剩下我们两人。

陵寝门外，一群狗以暴躁的咆哮"欢迎"我们，而陵寝似乎永远大门紧闭。太阳已经落山，气温也降到了零下10摄氏度以下，这个地区没有其他可以遮风挡雨的地方。我们绕着夯土墙转了一圈，发现了一个由树木倒塌造成的缺口。我们把枯树靠在墙上，笨拙地跨进陵园。风吹着从陵寝两侧倾泻而下的经幡，旗子的飘动掩盖了我们的动静。爬上墙垣后，我们可以看到我们的朋友们被锁在一根离大门约20米远的柱子上，但无法确定锁链的长度。我们跳进院子里，朝着陵寝大门的方向冲去。狗觉察到了我们的动静，径直向我们共同的目的地冲了过来。

当我们汇聚到一起的时候，陵宫的大门忽然打开了，一个困惑不解的喇嘛达尔扈特[1]凝视着这两群不速之客。他走到门外，对着那些狗大声呵斥了一声，狗乖乖地溜回了它们的临时住所，随后这位喇嘛邀请我们进入了陵宫。

---

1 达尔扈特：蒙古族中专门为成吉思汗守陵的部落。——译者注

那个晚上，我们借宿在喇嘛的住处：水泥的墙面与地板，一张放着破旧行李箱的铁床，行李箱中叠放着他的衣物；一张由胶合板和两把破椅子搭建而成的小书桌；一架由两个报废的钢质疏水闸和一小块玻璃叠放而成的脸盆架（房间里没有自来水），脸盆架上摆放着无处不在的热水瓶、搪瓷碗和杯子，喇嘛给我们沏了茶，和我们一起吃了一顿简单的高粱面白菜馅饺子。晚饭后，他带我们参观了陵宫，陵宫的外观令人印象深刻，里面却空空荡荡。

寻找成吉思汗陵　　1987

　　这位喇嘛是大乘佛教的信徒，在西方被称为喇嘛教。这一佛教流派也被称为格鲁派——藏语意为"善律"（该派强调严守戒律）——由藏传佛教大师宗喀巴在14世纪晚期创立，被认为是藏传佛教戒律最为严格的教派之一。持戒的僧人不能结婚，不能喝酒，也不能吃肉。这位喇嘛在水泥地面上摊开两个厚厚的铺盖卷。瑾妮被安排睡在小床上，我睡在修行者旁边的地板上。一个装满煤块的铁火盆蹲守在我们中间。这是一个寒冷的夜晚，在茶水的作用下，我们时不时地要哆嗦着走去30米外的室外厕所，每次都会引发狗群的一阵狂吠。

第二天一早，喇嘛拦下了一辆向南行驶的满载客车（20世纪80年代的中国，各种交通工具都拥挤不堪），喇嘛说服了司机将我们送往陕西省北部的绥德县。作为最后上车的人，我们被卡在了客车的车头处，紧挨在挡风玻璃上。临时座席由一堆堆粗麻粮袋组成，挡住了客车上客门的下半部分。然而，当我们沿着沙路在早晨的雾霭中穿梭时，这些袋子提供了广阔的视野，让我们得以看到环绕客车的沙丘景观。

3小时车程后，司机把车停在了一个大沙丘下的破旧农舍旁。他下了车，走了50米到那所房子，推开门，然后消失了。我和瑾妮，还有其他大约60名乘客，坐在车上冻得要命。

15分钟后，我们问同座的乘客："发生了什么事？司机在哪里？"同座乘客说，司机正在农舍里吃午饭，不知道什么时候回来。又过了30分钟，我推开车门，向农舍走去。司机正在一个烟雾弥漫的房间里和一群人打牌。我很生气，跟司机和他的牌友们沟通时有点儿过火。他们不知该如何回应这种少见的明确批评。我的胆大妄为让在场的每个人都感到吃惊，司机只好顺从地跟着我回到车上继续上路。

客车事故之前，包头与榆林之间的沙丘　1987

客车事故　1987

　　不到一个小时，我们在沙丘间一条蜿蜒的土路上拐弯时，撞上了另一辆车，我和瑾妮跟其他部分乘客一起撞到了前挡风玻璃上。司机在最后一秒向右急转，最终使我们免于正面碰撞。然而，两辆车都卡在了土路两边的沙丘里。司机被急转弯弄得很惨，更重要的是，他非常愤怒，因为他觉得事故的起因是我逼他离开了牌局。司机号召其他乘客同意他的观点，认为是我造成了这起事故，给旅程带来了厄运。然而，他的说法对于那些在他打牌时在车上冻得瑟瑟发抖的乘客来说，既站不住脚也没有说服力。当全车乘客都意识到我和瑾妮是外国人时，我们勾起了他们的注意力和好奇心。司机则独自抽着烟生着闷气。

我们的车被困在戈壁滩上一个前不着村后不着店的地方。最近的城镇也要向南再开3个小时。两辆车上共有100多人，我们都坐在沙丘上，祈祷着日落前会有车经过。但在离开成吉思汗陵的5个小时里，我们只在路上见到了两辆车，前景看起来并不乐观。

我和瑾妮爬上了最高的一座沙丘开始阅读。很快，几十名乘客聚拢过来，专注地看着我俩及我们手中的书。或许直到他们看到那些难以辨认的文字，他们才意识到我们真的是外国人！

三四个小时后，一辆从北边驶来的政府SUV（运动型多用途车）停了下来。两名身穿蓝色"毛式"人民装的工作人员走下车。他们假装对这次轻微碰撞很感兴趣，先和司机聊了几句，又检查了车辆，随后走进乘客中间。当他们注意到我这个非中国人面孔和当地人坐在一起时，他们那倦怠的巡视突然变得更加重要起来。

"你们是谁？"他们不客气地问道，以为我是来自西北（新疆）的中国公民。

"我们是来南京大学留学一年的美国学生。"我指着身穿中国军装外套的瑾妮回答道。

工作人员看着瑾妮，似乎很困惑，要求检查她的身份证。他们粗略地看了一眼她的护照，然后对我说："你们不能待在这里。

这是个危险的区域，外国人不得入内。"

我们在离开前就知道，包头到西安之间的800公里区域是不对外国人开放的，但正是禁令吸引了我们。我们只走了四分之一的路程，希望政府官员能够准许我们继续向南前往绥德。调转100多里返回包头，对任何人来说都不是一个有吸引力的选择。工作人员们的意见并不统一，有时还会把司机拖进他们的讨论之中。最后，他们对我们说："请坐到后座去，我们会带你们去绥德县公安局。在那之后，你们就只能自力更生了。"

温良的乘客们散布在沙丘上，低头看着这起事件，表情似乎看起来有些凝重，然而瑾妮和我却激动不已。直到我们看向了SUV的后部，才发现车尾载满了步枪和弹药！

长枪覆盖在后座的长凳上，枪管指向乘客一侧。工作人员将两杆枪挪到前面，让我们坐在剩下的步枪上，并提醒我们不要坐得太实。工作人员向座位上扔了几条毯子，为我们的臀部和厚外套提供了衬垫。我们试图让自己"悬浮"在后座上方，因为不断地在每段崎岖不平的路面上冲浪，我们担心如果颠簸得太厉害就会触发枪支走火。

过了一两个小时，司机喊道："它们在那儿……快看！"

他的同伴已经睡着了，当司机把车停在一片结冰的沼泽边时，同伴醒了过来。香蒲散布在地平线上，干枯的蒲杆看起来就像一个可怕的墓地。戈壁沙漠上点缀着孕育生命的湿地，这里是野生动物和候鸟的水源地。成群的候鸟引起了司机的注意，他抓起猎枪跑进了荒野。

司机的同伴对我们说，"哪儿也别去，"挣扎着拿起他的猎枪也离开了车门。当我们听到第一声枪响时，司机正在离沼泽地约50米远的地方。枪声让他的同伴精神为之一振，他冲进湿地寻找他的朋友。瑾妮和我相视一笑。这种生活方式太酷了！我想，瑾妮怎么可能不爱上我这样一个疯狂的家伙呢？！

　　我和瑾妮在一起的最初几个月，我们从打猎的司机和更多的冒险之旅中幸存了下来。我们之间的友谊足以说服她的父母，让她在南京再多待一个学期。为了庆祝这个决定，瑾妮和我飞往印度，在南亚背包旅行了六个星期。为了节省开支，我们每天只吃一顿饭，乘坐夜间火车以节省旅馆住宿费。当我们买不到夜车票时，就乘坐客车或白天的火车。瑾妮和我一样勇敢，我们现在是一个团队了。瑾妮的家——旧金山，一个我从未去过的地方，也必然会成为我未来人生的一部分。

常州旅行合影　1987

林登与瑾妮在延安　1987

旅行中的林登与瑾妮　1987

　　我记得11月的一个夜晚，我问她："旧金山有哪些很酷的学校？"

"嗯，我的朋友们上的是旧金山州立大学、旧金山大学、加州伯克利大学和斯坦福大学。"她回答说。

斯坦福这个名字立刻引起了我的共鸣，却不是因为人们所熟知的原因。我喜欢橄榄球，还记得一个著名的橄榄球四分卫球员约翰·埃尔韦曾就读于斯坦福大学。我以为斯坦福是一所普通的学校，就决定申请它和旧金山大学，因为我喜欢后者的首字母缩写USF。我不是最挑剔的申请者！

我没有告诉瑾妮我申请了这两所学校。当瑾妮在圣诞节前告诉我，斯坦福大学是全美国最好的大学之一时，我有些懊恼，为什么要浪费50美元的申请费去这样一所精英学校呢？1月初，我收到了伊利诺伊大学厄巴纳-香槟分校和荷兰莱顿大学的录取通知书，同时还有深具吸引力的奖学金。1月下旬，就在瑾妮和我动身去印度之前，前台服务员给我在南大中美中心的宿舍送来了一封斯坦福大学寄来的信。我正忙着准备旅行，直到第二天早上才拆开信封。我以为这是斯坦福的拒信。

第二天上课前，我拆开了那封信。我很吃惊：斯坦福大学接受了我的博士项目申请，除了学费全免之外，还给了我2万美元的助学金。择校决定并不难做出，尤其是在即将陪我去印度的瑾妮和一个非常有名的橄榄球四分卫的帮助下。直到我8个月后上第一堂课前，我一直不敢相信斯坦福的奖学金是真的。

因为我的原因，瑾妮在中国延长了一个交换学期，但她还是不得不返回她的学校惠特沃斯文理学院，修完最后一个学期才能毕业。她是戏剧艺术与传播专业的学生，为了毕业，她必须执

165

导并出演一部自选的戏剧。我鼓励她和我一起根据我们第一次去戈壁沙漠的经历创作一部戏剧。

整个夏天和初秋，瑾妮在旧金山，我在芝加哥，我们一起合作写了一部戏剧：《棕色的灵魂》（*Brown is the Color of the Soul*）。故事根据我们在内蒙古包头与一对退休的中国夫妇共度的一个夜晚改编：

这对60多岁的夫妇住在一栋可以看到贫瘠平原的水泥楼房里。一天晚上，女主人给我和瑾妮做了一顿晚餐，我们被他们的热情好客所感动，但也为他们物质上的匮乏而深感不安。餐桌上方的墙上挂着一张褪色的图片，上面有几十年前的日历，照片上是一片阳光明媚的海滩。我们问他们为什么留着这张照片——他们去过这个地方吗？女主人笑了："我们怎么可能看到这么美的景色呢？"她拉着我的手把我领到窗边，窗外是纵横交错的安全栅栏。

"这是我一生中唯一经历过的风景，"她指着一片荒凉的景色继续说，"我和我丈夫无法想象除这里以外的任何地方。"

"你看，就在窗外，越过篮球场和学生厕所，你只能看到地平线，它挡住了我追寻潜在海滨美景的所有可能。现在冬天来临，西北风每天都带着无法兑现的承诺折磨着我。地平线以外是什么？我敢肯定，不过是另一个和包头一样的小城镇。"

她回到自己的小厨房，为瑾妮和我盛了更多米饭，然后继续讲她的故事：

"我无法告诉你为什么太阳在蒙古平原上升起得更早，每天远处的太阳总会在时钟到达7点之前升起，无论冬夏。即使在全国通用了北京时间之后，太阳似乎也考虑到了我们与首都之间远隔1 500公里，如同通过提前升起来嘲弄包头人民。由于中国只有一个时区，我们在新疆的同志每天早上10点以后才能见到太阳，商店要到中午才营业，以便利用太阳的光线与热度。

"过去的几周充满了悲伤。邻居告诉我们她的丈夫张作人三周前去世了。我们注意到他们家都搬空了，但没有人知道他们离开的消息。他们两个在我们学校教了大约28年书，和我们夫妻一样久。作人教法语，三年前去法国访问了整整一个学期。作人的妻子说他死于心脏病发作，还说自从他们的女儿决定留在法国继续读研后，作人身体就一直不好。"李女士皱着眉，指着窗外说道。

"我们几个每天早上在篮球场上打太极拳。作人从法国回来后，我们就注意到他的动作已经不像从前那么灵活了。他的注意力似乎远没有集中在他的丹田，而是紧追着西方8 000多公里外的阴影不放。

"我们试图让他振作起来。一次去北京开会，我丈夫甚至给他买了一本法国杂志《世界报》，但是作人眼中没有任何喜悦的神采，只是礼貌地回了一句'非常感谢'。那天我丈夫回来时，十分肯定作人生病了。半年后，也就是上个月，我们听到这个不幸的消息，其实并不感到意外。"

瑾妮和我一起帮忙收拾餐桌、洗碗，用他们家那三个漏水的保温瓶里的开水彻底清洗盘子上的油渍。我主动跑下楼去把三个保温瓶灌满，回到餐桌旁后倒了四杯热水，继续听李女士的故事：

"按照传统的丧葬习俗，作人的妻子希望我们将他的遗体带到草原，找个合适的地方安葬。他们家窗外也是一样平坦、贫瘠、冷漠的景象。我们周遭环境的'敌意'，逐渐成了作人的一种慰藉。他经常说起我们挂历上的照片，问道：'为什么你们需要的不只这些呢？'他向窗外的荒凉景致挥手。作人请他妻子在他死后把他埋葬在这片广袤的土地上，他相信自己的灵魂会永远随着西风飘荡。

"我试着帮他妻子找一个风水先生，选一个风水好的地点安葬作人。她建议我去问一下学校的自然科学系。在大厅里闲逛的时候，我遇到一位来自山西的年轻教师，她上过我丈夫的英语课。我问她有没有人懂风水。她立刻惊叫起来：'啊呀！你怎么能跟一个科学系的教师谈风水呢？''We are in the age of science（我们现在是科学时代）.'她用英语强调说，'not in Imperial China（不是封建中国）.'

"她来回踱步，继续批评我，并对着那些斑驳的白墙发泄自己的愤怒。说实话，一想到我丈夫每天都得这样教学生时，我竟开始享受起这种场面。看着手表，我悄悄向自己道歉，匆匆走下楼梯，并向这位老师说了句'bye-bye'。"

李女士咯咯地笑着，展现了她的坚强，以及极富感染力的幽默感。

"那天回到家，我在楼梯外碰到了我们的'朋友'——一只鸭子。我一直问我丈夫，为什么包头仅有的一只鸭子就住在我们家的窗户下面。他回答说，这只鸭子从黄河向北飞了50公里，就是专程来投奔全中国唯一一位喂养动物比对丈夫还上心的女士！我知道他在开玩笑。'是吧，老林？'她拍拍他的手，老林手中和我们一样捧着一杯热水，试图从中汲取一些温暖。

"每天早上，我都会去本地市场买蒙古面包，通常我会用吃剩的面包来喂鸭子。我从小时候起，就喜欢吃面包表层烤焦的面包皮，因为那里面撒了芝麻、洋葱和胡椒碎。我通常无法吃完整个面包，因为它太柔软、太平淡了。在我还是少女时，我也用同样的方式吃面包。但每当想起母亲关于1949年以前旧中国苦难生活的告诫，我就会因没有吃完食物而感到内疚。我会把没吃完的面包芯藏在外套的口袋里，跑去一个由三层栅栏圈起来的草场。在离栅栏大约30米远的地方有三匹马，它们似乎从来没有注意过我的存在，直到我开始喂它们面包。

"那之后的几年，我每天都会爬到第二层栅栏，从栏杆上探着身子把面包递给那几匹马。几个星期后，它们开始向围栏靠近。一个月后，它们的头已经会早早探出围栏等我到来。"

李女士看着我和瑾妮，迟疑着是否应该继续讲她的故事。我们注意到南京的朋友也有过类似的沉默。他们不愿意提及任何对国家或他们个人有负面影响的事情。

"从很多方面来讲，给这几匹马喂食帮我消除了浪费面包的内疚感。我开始为自己的牺牲感到骄傲，为自己青春岁月中对时代的革命热情感到自豪。我期待与马儿们分享面包，就像我喜欢喂我的朋友鸭子一样。在三年困难时期，面包摊消失了，有一天这几匹马也不在了。我哭了很多天。"李女士叹息道，"现在喂鸭子，也算是向那三匹我无法保护的马儿的一种致歉。"

"我想悲伤只是生活的一部分。给作人下葬的那天，我意识到了人类生命的脆弱。当我们把作人的棺材推上山时，天气阴冷灰暗。虽然三十多年来，我一直眺望这片风景，但我却从未走进过它，它给我的感觉就像悬挂在我家墙上的海滩一样陌生。随着我在山林中越走越深，我家的窗户融化（模糊）在一层灰色的面纱之中。刚进山时，我可以看到家里的窗帘，辨认出窗帘上蓝色的竹子图案，还有安全栅栏外摆在窗台上的小盆常绿植物。当我们爬上第一座山时，我已经居住了50年的包头变得模糊不清，偶尔有像点燃的熏香一样的烟囱高耸出来。

"我丈夫递给我一壶水，说再走一公里就到了。我们一路伴随着那辆破旧手推车发出的摇晃的吱呀声继续前行。

在包头，时间和空间似乎总是不断用未曾兑现的承诺来戏弄我们。朋友在我们生命中的短暂存在，变成了度量时间的参照，而空间则像陌生人的拥抱一样将我们包围。

"墓坑已经请村里的工人挖好了。作人妻子给了他们50块工钱。他们手持铁锹站在墓坑边，像立正的士兵。工人们远远地看到我们，马上跑到我们身边来帮忙推棺材。他们用长绳子把棺材送进墓坑，再轻轻地把它吊到坑底。"

李女士的眼中噙满了泪，她坚强地用手将泪水抹干，继续讲述她的故事：

"我往棺材盖上撒沙石，时间仿佛被从我身边夺走了。空洞而低沉的掩埋声在我们这群人中间回荡，仿佛在向我们预警，我们的余生也时日无多。我们哀悼作人，因为我们人生中的一部分也与他一起长眠地下。作人打太极拳时所讲的笑话，那些我们都听不懂的幽默的法语表达，他对妻子和女儿的奉献——这些美好品质现在只留存在我们的记忆中。当我们挣扎着回到包头时，我想作人正怜悯地抬头看着我们。那一夜，大概也只有作人才能够睡得安稳。

"寂静——蒙古夜晚唯一的伴侣，陪伴着我们回家。在这一片寂静中，我看到了我们家的公寓，看到了我家如同混浊双眼般的窗户。随着作人的离去，我们的社区将不复往昔。窗外的景色也难再与旧日相同。我现在仿佛看到了自身的命运，每天晚上我都带着羞愧和恐惧合上眼帘——

羞愧是因为我认识到自己对于那荒凉未来的恐惧，也因为我意识到有时候自己甚至有些羡慕作人的平静。"

李老师讲故事的时候，太阳已经落山，窗外漆黑一片。我们的身体仿佛从一场庄严的旅程中归来，三个听众和一个出色的故事讲述者，四个追忆往昔之人坐在餐桌旁，我们之间有一片明媚的海滩，不情愿地延伸向远方的平原。

几分钟的沉默之后，李女士继续说道：

"作人的死让我意识到，我似乎从来没有真正活过。我一辈子都在工作和奋斗，却从未珍惜跟老林共同经历的岁月，以及我们为彼此所创造的舒适与美好。我渴望人生最后的旅程中仍有美好的事物在等候——比如腾跃的马儿和肥美的鸭子。"她再次望向窗外，轻声说，"现在，我们已经是半截入土的人了，意识到死亡本身也是人生的一部分，那是作人安息的地方，也是我和老林未来的归宿。

"当最后一抔泥土盖在作人棺材上时，这个发现让我不寒而栗。我沉浸在周围的环境中——地平线不再是窗外的海市蜃楼，然而，那一刻我却只想逃。

"现在我知道，棕色是描述我生活的最佳色彩——颜色可能会变深或变浅，纹理也可能会改变，但我生活的本质仍然是棕色。在包头，棕色是生命，是大地，是天空，是我们的灵魂。还有什么词可以形容这样一个戈壁滩边缘的存在呢？"

李女士站起身，透过窗户上的倒影望向外面的夜色。

"过来瞧瞧？咱们说话的时候下雪了。很少看到如此干净的雪，铺天盖地地覆盖着我们的一切。我敢肯定，在这样纯净的冬夜，我可以看到生命的终点。虽然我已经知道人生的后半程会有什么。"

李女士的脆弱和恐惧，激励我在未知的风景中寻找慰藉和意义——在中国，我每天都必须面对各种寻找和追寻，无论是身体上还是精神上。她是第一个表达这种情感焦虑的中国朋友。后来我发现自己经常回到鄂尔多斯高原，去了解世界上那些最荒凉的地方，努力创造文明的人，以及他们的故事。这种严苛的环境孕育了坚忍与希望。我和瑾妮一起开始了新的生活，我们希望能从同样的鼓舞和坚毅中汲取力量。

白族民居杨品相宅

杨品相宅的成形

　　杨品相的商号是中国西南地区从事进出口贸易的三大商帮之一，喜洲商帮"八中家"之首。这些商人运输并经营丝绸、烟草、草药、银、金、马和茶叶。品相在亚洲各地都有分号，包括在上海和仰光。但喜洲是他的家乡。

　　品相对文学很感兴趣，在上海经商期间与"喜洲同乡会"的伙伴合作创办了一本名为《新喜洲》的杂志。作为一个喜欢民间音乐的年轻人，品相后来推介了与道教和仪式相关的白族传统民乐形式——《洞经古乐》的唱片。

　　从20世纪30年代开始，因为从事进出口贸易，喜洲获得了大城市生活的时尚"密码"：电灯、电话、电报、电影、留声机，以及后来的收音机、自行车和汽车。当时喜洲有一个很流行的绰号叫"小上海"。

　　和许多富有的白族同胞一样，品相对中国汉族地区的文人文化很着迷。在47岁时，他亲自设计了自己的家宅，并融入了在上海等国际大都会更为常见的西方/现代建筑元素。今天的杨品相宅与长城和紫禁城一样，已被列为国家级文物保护建筑。

　　白族人习惯在长方形的土地上建造家园，品相最初挑选的是一整片南北方向约4.5亩的地块。然而，在20世纪40年代中期正式投建之前，因为一位邻居拒绝出售东北角的一小块土地，品相不得不重新设计回廊，以连接主入口和街道。品相宅的入口现在坐东南朝西北，是整个喜洲仅存的斜角入口之一。进入宅院需经过一个西式的门楼，让人联想到上海的石库门风格，穿过正西向的回廊重新校正南北轴线，再通过一个精心装饰的大门，进入第一进院落。

杨品相宅的内院门，是按照白族传统风格修建而成的雕花门。其主要特征之一是翘角式的飞檐斗拱。"三滴水"重檐顶端各有一只凤鸟，金凤栖息在祥龙之上。白族人以这种匠心独运的设计，来肯定女性在家庭中至关重要的地位。将象征女性的凤凰置于高位，表明白族人相信女人的能力并不逊于男子。

传统白族民居采用"三坊一照壁"的布局——这种风格既有实用性又有美学意义。白族"照壁"一般位于中庭东侧，可以遮挡上午射进卧室的阳光，随后在下午和夕照之间，又将温暖与光线反射回正房。除去遮光与取光的功能性，"照壁"还具有审美装饰性，是各家各户创造力和家族财富的象征。

品相亲自设计了家宅的照壁，将大理石屏风，繁复的浮雕、彩绘，以及景德镇的瓷盘组合镶嵌在一起，瓷盘周围环饰着模拟洛可可风格的石膏贴金。品相的族人会把家训题写在照壁上，而品相则有些特立独行，他把自己的治家理念低调地镂刻在了院子二楼精心设计的雕栏上。客人们必须从侧面观看镂雕的栏杆，才能辨认出几何图案中的"隐藏文字"——清白传家。

喜洲西枕苍山，东邻洱海，当地人相信好运会从山上顺势而泻汇入洱海。东墙在白族文化中也承载着重要的风水和文化意义。民居建造者可以通过在院落的东侧建造一面"照壁"来防止好运"逃"到湖边。如同午后温暖和煦的阳光，好运或福气会通过"照壁"的反射，映照在宅院的居住者身上。

杨先生宅邸的第一进和第二进院落，分别作为卧室、储藏室和办公室。杨家祠堂位于第一进院二楼西厢房的中央——"照壁"的正对面，祖先们也应沐浴在反照进院子里的福气中。像喜洲世居的其他家族一样，各家各户都会在祠堂里放置祖先牌位。品相宅的祖先祠堂中，设有一张长达三米的实木香案桌，上面安放着精心刻有杨家历代祖先姓名的牌位。逢年过节，年轻一代会前来祭祖和祈福，而杨先生父母的肖像则庄严地凝视着这些杨氏后人。

祠堂的天花板上有一个内嵌的八方形藻井，壁龛上彩绘有福气和长寿的文化象征。由蝙蝠、梅花鹿和寿星所组成的福-禄-寿"三星报喜"，被侧面八幅"八仙过海"的彩绘组画所环绕，这是一组民间常见的"八仙庆寿"题材。香案前摆放着一张雕花八仙桌，桌上摆满了供奉祖先的糖和水果，桌两侧各有一把官帽椅，是为杨品相和他妻子阳开祥准备的。

第三进院落是品相宅的马厩。品相把他的三匹马和五头驴饲养在这个区域，还经常在这里安置朋友和生意伙伴的马匹。在第三个院子中央，设有这座宅院的第二口井，为牲畜提供饲养和清洁用水。能够挖一口私人水井在当时是财富的象征，而杨先生家有两口水井。两道"照壁"墙，南侧挡风，北侧补光，将第二进院的生活空间与第三进院的马厩分隔开来。

这座宅邸装饰着由剑川县著名艺术家精雕细琢的精美木雕。剑川位于喜洲以北120公里。根据剑川县城郊区海门口遗址出土的木制农具和建筑木桩判断，剑川木雕的历史可以追溯到大约5 000年前。明清时期，剑川雕刻师作为御用工匠参与了紫禁城的建造。这些能工巧匠也为东南亚许多重要寺庙的修筑做出了贡献，他们是杨品相这样的成功商人在中国西南能找到的最好的工匠。

在第二进庭院"照壁"底部的彩绘花台中，杨先生栽种了一棵高大的缅桂花树。这种树木又称白兰树，是中国最美丽的花木之一。桂花是"贵重"的谐音，象征着"蟾宫折桂"的美好愿望。这棵珍贵的缅桂花树，曾经比杨先生宅院的第二层楼还要高。高大的缅桂枝繁叶茂，在夏季盛开着白色的花朵，空气中都充满了馨香。

10 失去的身份

我现在像一只自由的鸟
一只你无法改变的鸟。
哦，哦，哦，哦，哦，
你无法改变这只飞鸟。

——林纳·史金纳[1]

高中毕业照　1980

1　林纳·史金纳：20世纪70年代风靡一时的美国南方摇滚乐队。——译者注

我们高中1980届毕业班，毕业歌是《自由鸟》。对于一群即将奔向更广阔天地的年轻人来说，这首歌的确很合适。我开始思考如何使用这种自由。倘若像林纳·史金纳那只不愿意改变的飞鸟一样，我的人生前景看起来似乎并不光明。

尼采鼓励探索："让年轻的灵魂回首生命，问自己这样一个问题：到现在为止你真正热爱的是什么，是什么让你的灵魂得以升华。"然而，看到一些同学藏在毕业礼服里的威士忌，我意识到我们之中很少有人能够回答尼采的质问。

我们班里有一小部分毕业生，他们接下来会去像伊利诺伊大学和威斯康星大学白水分校等公立名校参加秋季课程。而当我从雅各布高中毕业时，已经开始为如何打发接下来的时间而烦恼了。尽管我马上就会获得解放，过去四年里一直以"家"之名囚禁我的"牢笼"，此刻看起来却越来越具有吸引力。自由和独立往往是可怕的概念，特别是当一首歌（在我的曲库中是《自由鸟》）就是区分一个人从青年到成年的唯一标记时。

当我们这届200多名毕业生排成一列领取毕业证书时，观众席中有我们的父母和亲朋好友。让我感到困惑的是，他们在20或30年前也经历过同样的仪式；刚步入社会时，他们也曾带着希望和梦想。然而，这些为我们欢呼的成年人，大多数已经用最初的激情交换了一个保暖车库，一台全新的八音轨磁带播放器，或者一次拉斯维加斯之旅。我担心自己会被这些熟悉的事物所吸引，被空洞的舒适所诱惑。这些便利难道就是我们人生唯一的渴望吗？

我们只有通过模仿他人才能成为人。模仿始于一丝钦佩，但随着时间的推移，我们开始意识到，自己正在模仿无能和软弱。那年夏天，我们欢呼着跑出礼堂，不久却发现这个世界根本就不在乎我们的激情和梦想。实现这些希望需要努力工作和坚持不懈。改变需要勇气，自由意味着责任和风险。对我们大多数人来说，（林纳·史金纳乐队的灵魂人物）罗尼·范·赞特那深具共鸣的声音更容易让人感同身受。

或许因为没有什么可以失去，我的冒险之旅变得更加容易。我母亲对我和妹妹的要求，无非是成为一个有道德的人，虽然这常常难以定义。我很小的时候就知道，最让母亲失望的就是我成长为一个冷漠的人。我的人生榜样并不完美：父亲被困于一份并不满意的工作，由于缺乏教育而难以获得更大成就。祖父母经营着一家酒吧，每天晚上都逃避到马提尼的诱惑和沙文主义的空想中。但是父母给了我和妹妹无限的鼓励和爱，希望我们可以拥有更美好的未来。

我靠着勤工俭学读完夜校和社区大学，这听起来并不是一条通往成功的必经之路，但我意识到我父母对所谓美国梦的深信不疑，在某种程度上，努力工作会对我和妹妹产生积极影响，尽管这些从未对他们真正起效。通过宣扬人类尊严的价值，他们弥补了无法在文学、科学或数学领域跟我们互动的缺憾。如今我意识到，这些关于尊严的课程比我从未上过的微积分、物理学和莎士比亚戏剧课更有价值。

很多时候，我都会质疑自己所走的道路。一个身穿清洁工作服的年轻人，推着笨重的清洗机进入电梯，里面挤满了衣着体面的男女。通常这些人拒绝正眼看我，对我竟敢和他们一起搭乘电梯而深恶痛绝。一次午休时间，我在汉堡王遇到了从前的棒球教练和他儿子，他们曾是我在北伊利诺伊州全明星队的队友。十几岁时，我和他儿子一起磨炼棒球和篮球技巧。高中期间，我每年都入选全明星队阵容，来自芝加哥各地的教练都说我有当投手的潜质。然而现在，教练的儿子和我分享了他在艾奥瓦州一所私立大学运动队的故事，教练则笑容满面地坐在他身边。他们问我过得如何，从我的工装裤上可以清楚地看出我选择了不同的道路，于是他们匆匆将所点的堂食换成了外卖，以免在午餐时不得不和我坐在一起而感到尴尬。

我在攀登教育的金字塔阶梯时，一刻都没有忘记早年的那些不安和挣扎。进入斯坦福之后，我与拥有更广泛学术背景和更可靠经济支持的同学进行了交流。但是，这些特质往往伴随着家庭负担和社会压力。许多同学在讨论中自信满满地谈及了他们的家世背景、政治或阶级背景，这对我来说十分陌生。他们会以基督徒、犹太人、共和党人、民主党人、意大利人、英国人、非裔美国人等身份来介绍自己。这些标签构成了他们所热衷的身份背景，但因为我对任何身份都缺乏同样的自豪感，这种热忱常常难以引发我的共鸣。我在成长过程中，对特定身份或标签没有明确的忠诚，每当不可避免地涉及此类问题的谈话时，我总是会感到不舒服。那些同学仅仅因为我的肤色、阶级和性别就把价值观投射到我身上。我无法理解这些所谓的偏见，无法理解为什么在芝加哥附近开着一辆破旧的货车，拖着地毯清洁机到处打工来支付社区大学的学费，会让我在他们眼中变得无知和不诚实。

虽然我很欣赏同学们认同自身文化标准的自信，但我相信我父母给了我更有价值的礼物。我的身份认同是基于一种不断变化的价值观，而不仅仅是基于出生地的地理和经济因素。我的价值观是（并将继续是）从实践经验中锻造出来的。也正因为不受任何身份的束缚，我成了许多不同文化和信仰的综合体。我欣然接受由人类存在的可塑性所带来的乐趣。

在古希腊神话中，英雄叙事是一种社会价值观的传达，其本质是人们对美好事物的向往，但同时神话叙事也承认其美好愿景难以实现。它们是种指引，为如何过有道德的生活指明了方向。柏拉图认为，追求这些美德是一种终生的自我修养之旅。

在中国，与苏格拉底和柏拉图同时代的先哲——孔子和他的追随者也信奉类似的价值观。诸如成为一个好朋友、好儿子、好父亲、好统治者的儒家理想，是个人如何在社会中发挥作用的一种象征。柏拉图的理想往往脱离社会现实，需要一生的奉献和磨炼；儒家的价值观是入世的，为社会注入了一种润滑剂，使国家能够稳定运行。

自从来到中国，我已经将构成中国社会交往基础的儒家思想进行了内化。我并不认为这些暗示是压抑或烦琐的，相反，我认为它们务实而自由。虽然我在美国出生长大，直到22岁生日后才抵达中国，但在内心中我已经成为中国人，因为我选择了内化自己认为更和谐、更具有社会可持续性的价值观。而且，不像有些人会因为放弃伴随他们成长的实践而感到不安，我在拥抱我所选择的生活时会获得一种解放感。

11　世界越来越小

斯坦福就像一个美国精英阶层的乡村俱乐部，我总感觉自己不属于那里。我的人生建立在勇气和毅力的基础上。校园里的富裕和舒适，与我年轻时的艰苦奋斗，以及刚刚结束的中国之旅的所见所感都相去甚远。斯坦福的一些同学嘲笑我是个"自力更生者"——这个词我之前闻所未闻。他们无法相信一个社区大学的学生，一个为完成夜校学业甚至必须去兜售女鞋和清理地毯的芝加哥小子，最终会进入斯坦福大学。他们在高中学习莎士比亚、物理学和微积分时，我却在便利店加班加点，搬运啤酒直到深夜，周末还得去加油站打工。他们不明白为什么我在学生自助餐厅学习时，从不买三明治或咖啡，晚上也不去餐馆或酒吧聚会。我的生活费很紧张，我必须努力让它"细水长流"，也总是担心会失去生活来源。

我发现自己待在柏克德国际中心（Bechtel International Center）的时间越来越长，其他不合群的人也聚集在那里，大家一起看电影、听音乐、参加讲座，或是在公共厨房做饭。

柏克德中心不仅对斯坦福大学的师生开放，也对帕洛阿尔托社区开放。它坐落在一幢20世纪30年代的宏伟建筑里，这座大楼从前是个大学兄弟会。中心有许多小房间，有些房间里摆满了老旧的沙发，有些则安置了有烟熏痕迹斑驳的桌椅。语言俱乐部和学习小组经常会占用许多空间。

夜班经理的职位空出后，我得到了这份工作（我不知道是否还有其他人申请）。这项工作要求我坐在中心入口处接待来访者，瑾妮经常陪在我身边，帮忙安排讲座和电影系列活动，并利用整幢大楼的建筑空间策划了多次展览。打烊时分是这份工作最具挑战性的时刻，通常是夜里11点，我不得不叫醒那些睡在沙发上的人，其中包括很多无家可归者。在寒冷多雨的夜晚，我会延迟关门时间，直到我困得眼皮打架。临别时，我会给这些流浪者一个拥抱，希望第二天晚上能早点再见到他们。

我父母对艺术的热情影响了我的很多决定，我开始在当地社区大学修读《装饰艺术史》，周末到旧金山著名的巴特菲尔德拍卖行（Butterfield & Butterfield）做志愿者。斯凯兰社区学院（Skyline Community College）的课程教授是一位活泼的古董商，他的讲课风格朴实而真诚，有一种我在斯坦福课堂上很少得见的激情。当我告诉斯坦福的博士生导师，自己毕业后想去社区大学教书时，我的导师非常失望，他完全无法理解这种平凡的愿望。我知道自己必须做出改变。

德国哲学家亚瑟·叔本华认为，婚姻是为了完善自我，所以我们常常会选择一个能纠正自身缺点的伴侣。有些人可能觉得，听取史上最伟大的悲观主义者的建议很荒谬。但1989年的一个周日夜晚，在依靠博士助学金生活了18个月后，我听从了叔本华的建议：一顿浪漫的烤鸡和奶酪通心粉晚餐之后，我向瑾妮求婚了。我意识到，以目前的财务状况，完成博士学位还需要2—3年时间。在这种经济条件下，结婚原本是不可能的，但我不想再等了。我希望瑾妮跟我想的一样。我在山景城的百思买，用当时全部的现金75美元，买了一枚十分不起眼的订婚戒指。我请求瑾妮做我的终身伴侣，一起踏上充满自主性的冒险之旅。"我愿意。"瑾妮的回答让我欣喜若狂，我们的初心从未改变，也从未偏离过那些非传统的价值观。

几周后的一个夜晚，在一次国际中心的活动中，我遇到了几位颇具魅力的瑞典企业家，他们向我讲述了在东欧筹办学校的努力和计划。在拜访过他们在旧金山市中心的办公室后，我接受了他们的工作邀请，离开了斯坦福大学。1990年7月，我动身前往布拉格，在捷克斯洛伐克建立了第一所国际学校。接下来的五年里，我在全世界60多个国家从事类似的国际教育项目。七年前还显得陌生和遥远的世界，现在已经成为我的办公室。

1990年11月下旬一个风雨交加的夜晚，我搭乘捷克航空公司的航班从布拉格飞往阿姆斯特丹，途中遭遇了强烈的气流。当时飞机上几乎空无一人，我斜靠在后排座位上。乱流毫无预兆地突然袭来，空中乘务员无法赶回来叫醒我。我从座位上被抛起来，摔落在地板上。我立刻爬起来回到座椅上，系好安全带。看着飞机上下左右不停颠簸，空中乘务员被甩到机舱乘客的大腿上；头顶上的一些行李舱被撞开，里面的行李箱跌落到下方的座位上，幸运的是座位上并没有人。我被这次颠簸的严重程度惊吓到，以为真的要坠机了。

虽然气流可能只持续了5—10分钟，但它给我造成了终生的心理创伤。我再也不能无所畏惧地飞行了。我勇敢面对生活的态度，似乎与我对飞行的恐惧极不协调。过去五年，在中国经历的种种危险并没有让我厌恶冒险和旅行。这两者有何不同？

　　我对瑾妮的承诺，意味着我不能再只考虑自己，这种恐惧与焦虑在离开瑾妮三个月后突然向我袭来。我问自己，是不是对死亡的恐惧导致了这样的反应？如果是的话，这种恐惧将如何影响我生活的各个方面，包括承担起身为丈夫和父亲的责任？从那以后，我意识到我在飞机上体会到的是一种失控感，这种命运不由自主的恐惧一直存续至今。为了追求安全和稳定，我努力塑造自己生活的各个方面。某种意义上，飞行是对不由自己掌控的外力的最终屈服。这是我人生中最大的软肋。

在优胜美地国家公园举办的秘密婚礼　1993

1993年夏天，瑾妮和我"私奔"到优胜美地国家公园（Yosemite National Park）举行秘密婚礼。与我们同行的有瑾妮最好的朋友，还有一位唐人街长老会的牧师。我们在图奥勒米牧场露营了两晚，选了一小块空地来举行典礼。在一块长长的水平岩壁上，我们许下了传统的结婚誓言。正当我们准备为彼此戴上戒指时（后来我们把戒指藏了起来，因为不能让任何人知道我们已经提前私下结婚了），20米外忽然出现了两头鹿。它们停下来，一动不动地看着我们。我和瑾妮被两个小家伙儿的勇气迷住了。

牧师说，鹿将成为我们婚礼的见证者。自那之后，我和瑾妮就把这种优雅的动物当作我们的图腾。

我们没有告诉双方父母这场秘密婚礼，而是8月下旬在旧金山又举行了一个"官方版"的典礼。瑾妮的父母在"唐人街长老

旧金山唐人街教堂结婚典礼与卡尔·金（Cal Chinn）牧师合影

会教堂"非常活跃，该教堂成立于1853年，是北美最古老的亚裔美国人教堂。我们在教堂中许下誓言，然后向南驱车50公里抵达斯坦福国际中心，在那里宴请了亲朋好友。我和瑾妮、双方父母，以及家中姐妹，在国际中心的花园里亲自布置了这场宴会，差点儿没能及时赶回教堂参加婚礼，等我们终于赶到时，离典礼开始只有不到30分钟了。因为我们已经秘密结婚，结婚誓言的紧迫性似乎降低了很多。但我们的时间安排得实在是太紧张了！

婚礼后不久，瑾妮就陪我去了中国台湾，我把在台北的公寓作为监理亚洲各地教育项目的办公室。当时，瑾妮刚完成加州大学医学院的执业护理师硕士课程，在美国驻台北办事处找到了一份卫生官员的工作。

　　那时，我在亚洲已经待了将近10年，越来越意识到美国对亚洲地区是多么缺乏了解。每年我都会回到美国中西部，在学校和公司里谈论亚洲的活力，可几乎没什么人感兴趣。最常听到的反馈是："我们说的是'红色中国'，不是吗？"

在张家界度蜜月　　1993

　　我之所以想与大家分享自己的观察，不是因为任何自我膨胀感，而是因为我们西方人没有意识到，一个建立在另一种不同文化和政治范式基础上的国家，对我们社会模式所构成的挑战。每年我回到美国，都看到这个国家扬扬自得地陶醉于举世公认的霸主地位，而我的新家却把每分每秒都用于改善和赶超现有的大国的地位上。我理解那种必须艰苦工作的焦虑和不确定感。中国的勇气激励了我，也为这个国家和它的人民带来了前所未有的经济变革。

当时许多旅居中国的西方作家，像保护珍宝一样维护其对中国自知有限的了解。他们告诉全世界，这个国家是一个异域化的他者，没有他们的帮助，外界不可能理解中国。但他们很少冒险走出自己的五星级舒适区，也很难说一口流利的中文，让自己真正融入西方"共同体"之外的中国。这些观察家们总是在同一家西方连锁百货商场购物，流连于北京和上海的同一家酒吧和咖啡馆。他们那些由酒精和咖啡因引发的关于中国的高谈阔论，往往局限于他们狭窄的舒适区，与现实相去甚远。然而，就是这些权威人士，构成了许多外国人眼中关于中国的叙述。这不是我和瑾妮所认识的中国，我们希望提供一种平衡的观点，来改变这种短视和肤浅的认识。

1995年，我和瑾妮的第一个孩子出生前，我们回到美国进行一项考察：在现有的城市环境之外，哪里适合建立一个国际交流平台？虽然美国大学和非政府组织正在有效地促进知识和文化交流，但我们希望可以超越这些学术"象牙塔"，让知识能够接触像我父母这样从未涉足大学校园，只能依靠"不负责任"的新闻媒体来了解这个国家的人。他们同样值得我们尊敬，我们也希望跟这些人分享关于亚洲的故事。

1995年夏天，我和瑾妮去芝加哥看望父母，在威斯康星州北部的多尔县住了几天。那是一座延伸进密歇根湖的半岛。在探索这个约145公里长的半岛时，我们在埃里森湾的一个未开发的村庄，发现了一个奇特的建筑，建筑前立着一块"待售"的标志。"三一路德教堂"如同一艘倾覆的漂在水面上的拖船，它的"船体"高度惊人，有10米左右，超过了与较低石基相连的醒目的水平屋檐。这座教堂建于1955年，由中西部著名建筑师弗兰克·劳埃德·赖特的学生设计建造。尽管如此，"二战"后的圆拱屋（半圆拱形活动房屋）和美国草原学派的优雅融合立即引起了"非爱即恨"的强烈反应。因为它已经上市近两年，大多数人似乎都倾向于后者。

我和瑾妮花了几天时间，探索这座建筑及其周边环境。一周后，我们从芝加哥飞往台北，在这13个小时的航程中，我们决定传真一份投标书。不到一年，我们有了一个刚出生的儿子，同时开始在美国中西部的小镇上宣传亚洲的艺术与文化。

搬到中西部要冒巨大的风险。我此前的工作是帮助西方教育机构在亚洲发展教育项目，当时我的事业正蓬勃发展，瑾妮的卫生官员工作也蒸蒸日上。但回到美国和大家分享我们对亚洲的热情，这个想法非常诱人。我和瑾妮希望，人们能够消除对"中国制造"普遍存在的刻板印象，承认中国文化的丰富和多样性。我们想和那些可能永远没有机会跨越太平洋，像我父母那样的普通人，分享亚洲的传统文化。我们希望通过自己的激情，鼓励我们中西部的邻居去了解更多的亚洲地区。

搬家的另一个原因是，1993年我们还在台湾时，我父亲确诊罹患了帕金森症。他所面临的挑战总是提醒着我们。他在去便利店的路上摔倒过很多次（14年前，我就在那里当勤杂工）。母亲承诺，她会尽可能地待在家中照顾父亲。她重新设计了我们家中旧维多利亚时代的一楼，这样父亲就不用爬楼梯了。然后他们为了离我们更近一些，又搬到了威斯康星州的麦迪逊。我们知道，父亲无法前往旧金山，更不用说亚洲了。在他与帕金森症斗争时，能陪在他身边对我们来说至关重要。我和瑾妮清楚，当我父母看到，自己的儿子在追寻20年前他们冥冥中为其准备好的事业，他们一定会倍感骄傲。

约瑟夫·洛克

约瑟夫·洛克和植物入侵者

这些植物似乎想让我写一本与众不同的书，
把温柔的根深深植入我的大脑。
让我充分认识到，
它们在人类历史上的重要性，
它们神奇的治愈力。
它们富含的养分，
甚至它们的破坏力，如果人类滥用植物的功效，
以及最后，我们对植物王国的依赖。

——珍妮·古道尔[1]

  约瑟夫·洛克心灰意冷，精疲力竭。他的助手们在前方探路，为这位探险家搭建营地并准备晚餐。洛克要求，就餐时必须有桌布和陶瓷餐盘，并且总是独自用餐。那是1949年，日益高涨的排外情绪迫使洛克离开中国，前往印度北部。当时他已经65岁，这将是他最后一次回到他的第二故乡。

  洛克1884年出生于奥地利，1905年移居美国。他的童年并不充满阳光，6岁时，母亲和祖母去世的阴影始终笼罩着他。他的父亲弗朗兹是一个严苛的人，他决心让约瑟夫长大后成为一名牧师，但小洛克拥有更远大的梦想。

---

1 珍妮·古道尔：英国灵长类动物学家、人类学家。——译者注

洛克对中国非常着迷，13岁便开始自学中文。当时他已经从当地马戏团的吞剑表演者那里学会了基本的阿拉伯语。他从多语言学习中习得了勤奋和刻苦，也收获了与音乐终生相伴的爱好。即使在喜马拉雅山脉探险时，洛克也把留声机作为他必备的旅行装备。

18岁那年，洛克摆脱了父亲的掌控，决心过自己的生活。他换了一份又一份工作，不断提高自己的语言能力，直到能说六种语言。后来洛克移居到夏威夷（檀香山）。尽管没有大学学位，他还是成了一名夏威夷大学教师，教授拉丁文和自然史。他教授自然史时其实是"现学现卖"，只比学生提前一个晚上"临时抱佛脚"就上讲堂了。凭借孩提时代的毅力，他全身心地投入对岛屿植物的研究中，并建立了夏威夷第一个官方植物标本馆，收藏了超过29 000个植物样本。他出版的专著和书籍至今仍被奉为经典。

洛克没有接受过传统意义上的学术训练，他依靠努力和激情来克服传统教育的不足。1920年，美国农业部聘请他去东南亚寻找能治疗麻风病的植物种子。在洛克的时代，他是拥有多重身份的复杂人群中的一员，这群人同时被称为植物学家、植物猎人和野外探险家。植物学家可能是这些工作中最温和的一个。尽管这些人饱受疟疾和骨折的折磨，经常在森林中迷路，靠吃植物花蜜过活，但他们还是走了很远的路，这一切都是为了"侍奉"最反复无常的情人——那些他们寻觅的花草。这些人勇敢地面对战争、疾病和死亡，只是为了发现新的植物样本，以自己名字命名新花草，为各自的国家和帝国带来荣誉。他们中的许多人未能活着走出亚洲。

洛克与其同时代的西方"探险家"不同，那些人以探险之名来到中国，掠走中国的宝藏，却没有回报。直到1949年，洛克才将玉湖村作为自己的家，这个村庄位于玉龙雪山脚下。村落中有一群令人着迷的人，他们根据自己的宗教经文，使用一种依然"活着"的象形文字。只有一小部分纳西族神职人员，也就是所谓的"东巴人"，能够理解并创作这些手稿。在超过24年的时间里，洛克承担了释读大量纳西族文献的工作，他还出版了1 000多页的《纳西语英语百科辞典》和两卷本的《中国西南古纳西王国》。美国国会图书馆目前收藏着他的纳西语手稿。

时至今日，洛克留下的作品仍然被认为是进一步研究古老纳西文化仪式的基础。自1922年始，洛克开始在《国家地理》上发表关于纳西文化、藏区统治者和神职人员的文章和照片，以及他在尚未开发的山脉中的探险。受洛克经历的启发，詹姆斯·希尔顿在1933年创作了著名的小说《消失的地平线》。这本书讲述了一小群英国侨民的历险故事，他们在逃离印度暴乱的过程中，飞机在西藏昆仑山脉被劫持并坠毁。飞行员临死前告诉他们去寻找一个美丽的天堂，一个名叫"香格里拉"的喇嘛寺，在那里他们会获得所需要的一切：食物，书籍，音乐，舒适，陪伴，甚至长寿。只有一件事例外 —— 他们永远不能离开。

洛克临终前的心愿，是在云南度过生命中最后的时光，在那个他称之为家的地方完成此生最长的停留，但终未能如愿。洛克在印度等待入境，希望能够回到中国，但是政治形势已经发生了戏剧性的变化。于是他花了几年的时间来研究和编辑早期的著作。1962年12月5日，寄宿在朋友家的洛克在夏威夷去世，正如S. B. 萨顿所说："在西方与东方中间。"

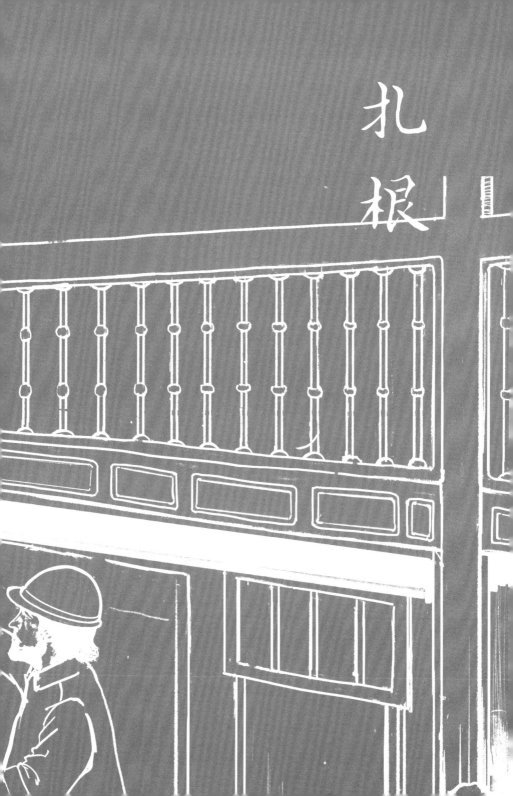

扎根

12　从事新职业

逛古董市场时，如果你一进门就直接左转。

而其他人都向右转，就意味你能比别人更快买到便宜货。

——朱迪思·米勒[1]

我和瑾妮怀着好奇与激情开始了新的职业探索。我们重游了我年少时经常光顾的地方——跳蚤市场，一起沉浸在书籍和学术中，连周末都泡在博物馆里。我们开始在古董市场和旧货甩卖会上收购一些亚洲艺术品。我父母也根据他们20年来积累的经验，为我们提供了很多宝贵的建议。

1996年，我们回到中国，在北京学习新兴的古董行业，然后到景德镇学习陶瓷艺术。景德镇是中国乃至世界的"瓷都"，它历经创造力的复兴，是艺术家和商人们发展陶瓷艺术的乐园。景德镇也培养了世界上技艺最精湛的古董瓷器仿制者。在镇上的

1　朱迪思·米勒：《纽约时报》记者，普利策奖获得者。——译者注

这段时间，我一直努力学习陶瓷匠人复杂的技艺。我的导师是谢师傅。

在景德镇买陶瓷　2004

"你在景德镇随便挖一个坑，就能发现一些古瓷器。"谢师傅是一个四十多岁的高个子男人，一头灰白的短发，嘴角总是叼着支烟。他是土生土长的景德镇人，在一家国营陶瓷厂工作了20年，后来离开了瓷器厂。1995年的几个月里，谢师傅一直是我的导师，帮助我了解中国最神圣的艺术形式。

跟谢师傅一起逛当地古玩市场，就像和柯里昂家族[1]漫步在

1　柯里昂家族：马里奥·普佐小说《教父》中的黑手党柯里昂家族。——译者注

西西里岛一样。当他经过各家商品时，人们纷纷鞠躬。

　　谢师傅工作时很低调。我们走进一家尘土飞扬的废弃工厂，穿过铺着毯子的废墟，进入一个破旧的红砖仓库，这里原来是工厂的设备室。角落里藏着一个两米见方、深约三米的洞。我问这里以前是不是工厂的化粪池。他笑着说："那是我的金矿，我挖得越深，找到的瓷器就越有年头。"

　　他指着洞口附近成堆的碎瓷器说："我们把泥土挖上来，用这些小筛子过滤，然后把古瓷片放在一边。"一个浑身是泥的男人，像矿工一样把灯绑在棉帽上，他停下手中的活儿听谢师傅讲话，对我这个老外微笑，然后借助一个粗糙的木梯下到洞里，一边向下爬一边对我喊："你想帮忙吗？"

　　这栋建筑原本用来储煤，以备附近窑炉生火用。因为工厂搬到城郊，它就被废弃了，谢师傅将其改成一个仿古小作坊，让市场充满了"古董"。

　　墙上的架子上摆满了新做好的陶坯，都是仿明末清初的制式。这些陶器中大部分都没有上釉。还有一些晚近的仿品，如19世纪出口瓷器的复制品，放在桌子上等待"做旧"。

　　我和瑾妮在景德镇时，越来越难以找到品相上佳的古瓷残片。许多人都在复制谢师傅的仿古加工法。完整的古瓷底足每个售价可高达50美元，因为它们甚至可以愚弄最精明的收藏家。谢师傅每天都要在挖掘现场附近花上几个小时，为一些珍稀的古瓷片讨价还价。

　　谢师傅带我去了他的小茶室，里面有一张折叠桌，围了四把小竹椅。奇怪的是，市场上的新瓷杯堆积如山，每个不到10美分，他却依然把茶叶加进纸杯，还倒了滚烫的开水。可以想见，纸杯蔫软了，整个讨论过程中茶都难以入口。这样讽刺的画面，持续点缀着现代中国的各种景观。

中国人视瓷器为他们最高的艺术成就之一。欧洲人也很珍惜景德镇东北部发现的质地极纯的高岭土，这种瓷土通过（1 300℃以上的纯窑炉火）高温烧制，可以获得细腻的纹理和颜色。三个多世纪以来，景德镇的瓷器一直吸引着西方人。直到1710年，德国迈森县的萨克森公国，在奥古斯都二世的资助下，才生产出自己的高温瓷器。奥古斯都对中国瓷器非常着迷，1717年，他甚至用600多名骑兵交换了普鲁士腓特烈·威廉一世的151件青花瓷瓶。这些藏品现在被收藏在德国德累斯顿国家博物馆，而这600多名骑兵后来组成了威廉一世的"龙骑兵团"。从那时起，这种高大的青花瓷瓶拥有了一个特别的名称——"骑士花瓶"（Dragonervasen）。

通过对中国古董和艺术品市场数十年的观察，我得出了一个结论——市面上所看到的90%以上的"古瓷器"都不是真品。一些经销商会把这些瓷器说成是"仿古瓷"，这意味着对那些了解"文字游戏"的买主来说，他们知道这些其实是仿制品。如果这些仿品通过真假难辨的故事以高价卖给不知情的买家，古董商就能从中牟取暴利。究竟是揭露一件瓷器是高仿的事实，还是以高价卖出这件赝品，中国大多数商家都暧昧地模糊了其中的界限。言过其实的故事，导致了销售价格的虚高，这通常意味着买家为这件藏品支付了更多的"学费"。让不知情的买家不得不从错误中吸取教训，某些经销商甚至对其做法深感自豪。商家并没有在购买过程中教会客户如何辨别真伪，而是在整个交易过程中大话连篇，毫无愧意地从买家那里收钱，并将他们的欺骗行为作为古董行当的正常现象进行辩护。由于缺乏信任，这种行业"潜规则"导致了整个中国古董市场的下滑。

谢师傅和他的同行并没有意识到他们存在任何不道德的行为。在他们看来，自己是在继承那些才华横溢的拉坯制陶先人留下的手艺和财富。他的作品在哪里，如何被展示和传承，对他来说意义不大。

我凝视着纸杯里的武夷茶陷入了沉默。谢师傅拿出两个仿18世纪乾隆风格的华丽瓷碗。在重要的瓷器交易中，这类商品往往能卖出最高的价格。

"这两只碗，如果是真品，每只售价超过1万美元。我每年会做十个，只有两三个能瞒过我的同行们。虽然它们是新仿品，但这两个碗是我最贵的作品，每个要卖到500美元以上。古董商们能从我的手艺中获取暴利。"

谢师傅拉着我的胳膊将我带回瓷器市场，人群会再次给我们让路。我的课堂转移到了景德镇长江两岸仅存的几幢老房子里。

"周老太，您醒醒！"我们走进一座建于清朝末年的破旧木结构房屋，谢先生喊道。老宅里，两个小女孩坐在一张改装过的香案桌旁，一边吃东西，一边咯咯地笑着。正从桌旁经过的我，是第一个到访她们家的外国人。她们的祖父，看起来和这幢祖屋一样古老，虽然他的牙已经掉光，但依然笑着对我们表示欢迎，然后继续吃着碗中的"碱水粑"——景德镇一种地方特色面食。

周老太太从门里往外看，长长的白色衬衣在烛光大厅里闪烁着令人难忘的光芒。80多岁的周老太太曾是一位陶瓷工艺师，我们在门口等候时，她正忙着穿衣服。谢师傅鲁莽地催促她快一点。

我们走进一间没有人的卧室，墙上挂着几张褪色的照片和过期已久的日历。周老太的雕花红木架子床与皱巴巴的亚麻床单相互映衬。当眼睛适应了昏暗的光线，我很快就明白了我们为什么会在那里。

卧室里有一面从上到下都糊满旧报纸的墙，其中一些甚至是20世纪50年代初的报纸。墙上的旧硬木框架中，挂着三块同系列的精美粉彩瓷板。这些镶嵌瓷板是中国革命爆发前，由景德镇一位最好的艺术家制作的，类似的作品每件售价要超过10万美元。第四幅镶板摇摇欲坠地靠在一个煤炉上。房间里还有一个20世纪60年代的廉价玻璃展示柜，让我们透过云雾般模糊扭曲的毛玻璃窥见了里面的珍宝。

展示柜里摆放着几十件珍品瓷器，其中包括三只宋代精美的青瓷碗，一些元末明初的青花瓷器，以及各种清中期式样的花瓶，这些瓷器在世界古董交易市场上都非常抢手。

周老太有些意兴阑珊，跟她的丈夫和孙女们一起吃饭。她几乎很少留意我们在她卧室里发出的动静，尽管价值10万美元的艺术珍品，可能会从谢师傅手中递到我手里。相比之下，她似乎更关心如何夹住碗里最后一小块碱水粑。

中国的各种反差总是让我着迷。在这栋寒冷、漏水、电力匮乏，也没有自来水的木制建筑里，摆放着一批精美绝伦的瓷器。如果拿去拍卖行出售，她和家人就可以在景德镇周边新建的住宅小区里过上舒服的日子。

我和谢师傅跟周老太一家一起吃午饭。每当我问问题时，两个年轻的女孩都会咯咯笑。碱水粑已经凉了，但我们的筷子还是积极地"奔向"最后几块。我问周老太是如何得到这些艺术品的，为什么它们还能完好无损地摆放在那里。

"从1954年到1985年，我和丈夫都在景德镇陶瓷学院教书。我丈夫在20世纪60年代初升任副局长，但在'文化大革命'期间被当作阶级敌人游街示众。我们与朋友和家人一起，把收藏的瓷器藏到了与世隔绝的村庄。"她指着地板继续说道，"我们把我房间里的四块嵌板埋在了这幢祖屋的下面。作为陶艺师，我们不能允许这么多的瓷器珍品继续被破坏。"

周老太用温水冲洗了几个脏杯子，从一个生锈的罐子里取了些茶叶，然后把茶递给我和谢师傅。

为了接受贫下中农的再教育，周老太他们在江西南部的农村劳作了三年后，才获准调回陶瓷学院，并很快恢复了他们从前的职务。然而直到20世纪90年代初，他们才开始安心展示这些瓷器收藏品。

"我们的一些藏品已经通过上海的拍卖行出售。即使当年面临被迫害的风险，我们依然努力保护这些艺术品，我们挽救了关于中国陶瓷技艺和独创性的珍贵记忆。我丈夫，尤其是我，一直不愿意放弃其中很多珍品。它们是我遗产的一部分。它们提醒着我们的子孙后代，提醒着所有的年轻人，我们国家有着辉煌的历史。"

谢师傅问起一个20世纪初的花瓶，他想以2 000元人民币的价格从她那里买下。周老太笑着告诉他，那个花瓶几天前已经以2 500元的价格卖掉了，谢师傅在接下来的谈话中一直失神地盯着杯中的茶。

"这些老物件没有贬值。"周老太开玩笑说，"我想在自己最后的日子里好好享受它们的美好。还有什么比和你的孙子、孙女一起，在艺术瑰宝的陪伴下度过余生更好的方式呢?"

没有热水和供暖系统，漏水的木屋顶，还有灰尘与噪音——所有这些缺陷，使我向周老太询问，她是否想过改变这种生活环境。

"我们西方人会用这些钱来营造更舒适的环境。我们需要暖气，需要水暖系统，"我说，"在很多方面，我们对舒适生活太过依赖了。"

"你看到这间老宅了吗?"周老太环视了一下老屋，问道，"我的家族已经在这里住了三代人。对我父母和祖父母来说，这里已经足够好。这祖屋对我们也很有意义。看着孙辈们和我男人坐在这里吃饭，他们现在对我来说非常重要，是我人生的寄托与安慰。寒冷的房间里铺着地毯，步行去上厕所也能让我保持健康。"

她爱抚着自己的两个孙女，笑着说:"作为午餐的回报，也许我们该请这位外国朋友教你们说几句英语。"

两个女孩在座位上吓到发抖，迅速跑回房间，嚷嚷着"谢谢""再见"。

"总有一天，孩子们会感激我们为他们所做的一切。"周老太眨眨眼，走向厨房。

临走时，谢师傅买下了一个明朝的小青花碟。然而，在我们返回他工作室的路上，谢师傅不停地抱怨，不该把2 500元的花瓶输给另一位藏家。又一天的学习结束了。

从中国回美国后，我们完成了对多尔县教堂的改造。1996年底，我们已经建立了一个兼收并蓄的亚洲古董和美术品小型收藏库。我们甚至在画廊里放了一些谢师傅的仿古制品。几年后，我们帮助多尔县和景德镇缔结了"姐妹城市"，这种友好关系一直延续至今。

我父母受到我和瑾妮新事业的启发，用他们收藏的美国古董和艺术品为我们填充了库存。这家展馆里陈列着各式各样的艺术品：3米高的木雕佛像，400多斤重的西安兵马俑复制品，1893年芝加哥世界博览会上的木雕长凳，雷明顿青铜器复制品，以及19世纪日本木刻版画。我们在两年内将重心转向了亚洲艺术品，并与多位收藏家合作，每次展出一个月。当地人会聚集在画廊对面的餐馆里，打赌我们能维持多久。的确，把在纽约或旧金山更常见的艺术品搬到一个废弃的教堂，我们的理念并非无懈可击，但我们用激情和勇气弥补了商业意识的不足。

为适应美国家庭需求，我们将展品进行了调整，重点展示亚洲古典家具的复制品。我们还展出了与亚洲文化相关的艺术品，其中有些是受亚洲传统启发的美国艺术家的作品。同时，我们对区域进行了小范围的细分，重点展示了地方性的艺术品和工艺品，包括景德镇陶瓷、西藏青铜器、云南大理石屏以及中国北方石雕的复制品。我们还在画廊和当地博物馆，分享了来自中国和东南亚的民族纺织收藏品。

我们的目标是引导：利用亚洲文化遗产之美，来促进我们美国客户对亚洲的开放和理解，重新修正对亚洲地区先入为主的观念。这对于了解我们潜在的地缘政治对手抑或朋友——中国来说，是极其重要的。为实现这一目标，讲好故事显然不可或缺。如果我们能有效地传递中国丰富多元的文化，我们的画廊将会获得成功。

林登画廊

虽然25年间，画廊一直繁荣兴旺，我们也结交了许多终生挚友，但我们并未完全实现最初的教育目标。我们举办了世界级的东南亚民族纺织品展览，有2 000年历史的中国瓷器与陶器展，还有引领潮流的当代绘画、日本和服等特展。我们甚至在"9·11"恐怖袭击悲剧发生后，与史密森尼博物馆合作举办了阿富汗雕刻展。我们为后者做了特别宣传，让中西部地区的美国人接触到一种突然成为我们日常词汇的异域文化。尽管"9·11"是一起可怕的事件，我们也不应以此评判该地区的人民。因此，我们安排了这场展览，让世人了解该地区的其他方面。我们不想淡化"9·11"事件的恐怖，但我们确实希望通过我们的展览让因这起悲惨事件而备受指责的区域展现它更人性化的一面。

阿富汗的雕刻家们在我们的画廊工作了两天，他们精通古犍陀罗（古印度王国）艺术，这种佛造像艺术形式最早可追溯到亚历山大大帝时期。在亚里士多德的指导下，亚历山大在今天的阿富汗地区建立了一系列城邦，包括现在被称为坎大哈（Kandahar）的城市。他把希腊文化的影响带到了这些地区，犍陀罗艺术传统展示了印度不断发展的佛教图像与丰富的希腊人文主义艺术表现形式的融合，这是希腊主义的一个新的来源。

我们向当地学校和俱乐部发出个人邀请。这个展览提供了一个以"替代性体验"了解阿富汗的机会。在"9·11"事件之前，我们大多数人都不知道这个国家的存在。我们希望此次雕刻展为这个异域化的名字打下一些物理基础。

然而事与愿违，展览的观众出席率非常低。后来我和学校一些董事讨论了令人失望的到场人数，他们反问我原本在期待什么。招待会的时间与绿湾橄榄球队（Green Bay Packers）的一场比赛冲突（甚至连董事们自己都觉得不值得花半个小时来参加艺术展）。

"9·11"事件后的那个周末，人们的关注焦点显而易见。许多美国人对我们国家未来的军事对手没什么兴趣。相反，他们坚持由角斗士塑造的部落身份，他们希望在"狂欢"中逃避现实。他们手里拿着啤酒，支持的一方必定会赢，世界另一端的潜在冲突就没那么重要了。直接的冲突被替身"战将"们打赢了，又是一周美好的生活。

美国将自身力量投射到世界的每个角落，每一个美国公民的投票都会影响到美国之外的人民。在我看来，了解这一状况是我们的道德责任和智识义务。我和瑾妮试图让它在美国发挥作用，但我们国家的骄傲和自满情绪让我们感到困扰。虽然我们在美国中西部农村地区创建了一个不太可能成功的企业画廊，但我们意识到自己并没有真正实现最初的教育目标。于是我们决定回到中国，寻找第二次新的开始。我们发现了一个比以前更热情友好的中国。

13 寻找大理

　　20世纪80年代的大理是每一个旅行者的圣地。这是一个坐落在喜马拉雅山系余脉，与世隔绝的古王国。1985年，我从昆明坐了十多个小时的长途客车，第一次来到大理，住在当时唯一可以接待外国人的地方——大理第二酒店。这家名字非常有"时代气息"的普通旅馆，现在被称为"大理红山茶酒店"，依然开在洋人街旁。当时只有一两家餐厅可以为外国人提供服务，其中一家叫"可口可乐咖啡馆"，成为我的最爱。很少有人记得那些日子。20年后，当我和妻儿在昆明登上午夜的火车，在蒙蒙细雨的凌晨再度抵达大理时，我对于即将面对的变化毫无准备。

　　我们跳上一辆城际小客车抵达大理古城东门，然后坐马车来到洋人街上的旅馆。很快，我们就被鹅卵石铺就的人行道吸引了，人行道两旁是从巍峨的苍山向西奔流而下的山泉水渠。我们办理了入住，打算在这里待三天，然后前往丽江。起初我们的逗留时间延长了一个星期，后来又延长了一个月，从那以后就变成了一辈子。

　　当我正蜷缩在一碗面条前时，有个男人从餐厅门前经过。他戴着眼镜，头发蓬乱，脸上带着一丝无拘无束的微笑。男子从东走到西，又从西走到东，然后再折返回来，他迈着热情而大胆的步伐，就像逛玩具店的孩子一样。我是喜洲广场上"四方街食店"的唯一食客，我的小桌刚好位于古朴的雕花门楣阴影和正午的烈日之间。

喜洲街头旧景（往四方街方向） 2005

这家餐馆的老板后来成了我的好朋友，她走过来问我是否愿意尝尝他们自酿的果酒。我走进厨房，她给我端来了几个小酒杯，里面斟满了由李子、玫瑰花和蓝莓等酿成的果酿。我选择了绿色的青木瓜酒，用一把大勺子把酒倒满，然后走回我的桌子。街上那个任性的观察者坐在那里，咧开嘴笑得更欢了。

他摘下眼镜，用他那件特大号的衬衫擦拭干净，然后伸出一只手——上面点缀着如同画家调色板的斑驳痕迹。

"我叫杨龙，我是喜洲本地的画家。"

我现在明白了，他为什么会犹犹豫豫地观察我。虽然不确定我能否说中文，但他还是鼓足勇气向我走来。他也点了木瓜酒，这是他刚才无意中听到的。就这样，我不仅认识了我最喜欢的当地果娘，还结识了一位当地艺术家和他的家人，正是杨龙一家说服了我们把喜洲作为我们未来的家。

杨龙在云南艺术学院受过古典油画的训练，他丰富多彩的作品兼具19世纪俄罗斯印象派的现实风格和20世纪早期美国南部圣达菲艺术家们的流畅和大胆。杨龙是一个突破传统的人，当时中国的艺术市场大多是超乎寻常的政治性作品和衍生抽象画，但他的作品却宁静美好又充满人间烟火气。喜洲的光线和色彩浸染了杨龙的作品，通过他那双敏锐的眼睛，我也间接地爱上了这个村庄。

杨龙在工作室　2005

杨龙的妻子袁修禾是个现实主义者。她听丈夫讲了一些话题，一边坏笑着责备他，一边又立即把他的想法换一种方式重新诠释，以便更好地适应现实世界。夫妻二人就像是在表演喜剧脱口秀的巴德·阿伯特和卢·考斯坦罗，袁女士性格直爽得像个男人，是她丈夫的"双簧"拍档。瑾妮在我们家也扮演着类似的角色。如果没有妻子们帮助我们脚踏实地地面对现实，杨龙和我大概很久以前就会如"浮萍"般，迷失在难以为继的乐观之中。

　　吃第一碗酸辣面，听杨龙讲述喜洲历史，这一切都使我着迷。我了解到这个小村庄的富庶，以及它如何形成中国乡村最令人印象深刻的传统民居建筑群。喜洲商帮的商业精英：四大家、八中家、十二小家，为茶马古道沿线的贸易繁荣发挥了重要作用。

　　他直指小巷对面的一栋建筑说："那是严子珍的家，他应该是20世纪初云南最富有的人。严家商号依靠茶叶、棉花和马匹贸易起家。他的儿子严宝成在严子珍宅邸后面盖了一座更大的房子。"

　　2005年那个阳光灿烂的日子，这些陌生的名字对我来说毫无意义。我当时并不知道，我们一家的未来会与那位戴眼镜的艺术家，以及"喜洲帮"商人的命运如此紧密地交织在一起。

　　我跟着杨龙来到严宅，参观了他在二楼的艺术工作室。这是一座建于20世纪20年代带有一定西洋风格的建筑，里面还有一些其他工作室、小纪念品店，以及一个表演区。喜洲的白族村民每小时在这里进行两次"白族三道茶"表演。杨龙的工作室里，堆满了破旧的临时画架和未完成的画作。那天，他似乎是顺应灵感进行即兴创作。杨龙已完成的作品斜倚在角落里，旁边是一组风格相似但更为大胆的画作。这些画的作者，是他的女儿杨扬。她毕业于中央民族大学美术专业，现在北京工作，假期回家看望父母。

那天晚上，我和杨家人共进了第一次晚餐，也从此开启了我们多年的友谊。

虽然杨龙和他妻子不会说英语，但是杨扬的英语很好，用餐期间我们的对话有趣地在中文和英文之间来回切换。杨龙的妻子袁女士答应，第二天早上带我去探访喜洲最令人印象深刻的老宅。宅院目前无人居住，但她知道如何从一位文化站的朋友那里拿到钥匙，那位朋友刚好认识这个国家级保护建筑的管理员。当天晚上，我回到大理古城的宾馆，但由于白天太过兴奋，我难以入睡。如同一见钟情，喜洲给我的感觉太完美了，我不敢把希望抬得太高，担心最终会幻灭。

第二天，我们打开了杨品相宅的大门，这是一座城堡般的建筑，仿佛漂在杨龙家对面的稻田里。六米多高由夯土筑成的院墙，在紫红色的阳光映衬下呈现出深深的赭石色，院墙顶部是雍容典雅的中式屋顶。三米高的木门因年久失修而吱嘎作响，老宅中结满蛛网，如同叠加了一层防护面纱，我们不得不穿过"面纱"来到中庭的雕刻入口。我不知道进门处这个回廊被认为是白族古典建筑最重要且完整的案例之一，许多关于传统中国建筑的书籍都收录过这个经典案例。这个入口的细节之美、规模之大让我心生敬畏，它给我的感觉却又如此熟悉。我阵阵发冷，浑身起鸡皮疙瘩，这种似曾相识感令我头晕目眩。在接下来的两个小时里，我走遍了整个建筑群，被这个庞大建筑的每一个角落所吸引，为它复杂的木雕和精致的石刻所震撼。

"林登——我们去吃点东西吧。"第一个庭院里传来了袁女士的声音。我完全忘记了时间，把她一个人留在了门口。

袁女士提醒我说："不吃饭就没力气干活了。"

在跟杨扬和她母亲吃了一顿酸辣饵丝后，我又回到杨品相宅，站在院子里继续脑海中的设计。到那天晚上，我已经设想了如何在不影响原有木结构的前提下，把这个院落改造成一个完美的文化中心。一切都很完美……然后，就不完美了。

2005年，关于农村土地划分和所有权的法律政策仍在发展完善。我和瑾妮都不清楚，我们能否在中国购买或租赁一栋建筑。对于外国人，整个过程变得更加混乱复杂。虽然前一年我们与江西、安徽、福建和广西等地的地方政府进行了讨论，但我们对合法地在中国农村进行发展与规划仍然缺乏信心。

许多地方政府真诚地希望我们在当地投资。他们护送我们到该地区的文化遗址，向我们展示自1949年以来一直在他们管辖下的物质文化遗产，这些遗产处于荒废或有待开发的状态。多数情况下，当地政府没有在财政上竭力支持这些遗产的修复工作。在20世纪90年代，中国已经重建了许多老建筑，但很快发现合理规划这些建筑的用途，和对其进行修复翻新一样重要。

一些文物古迹被改造成了迪士尼风格的购物中心，另一些则收藏了一些小型博物馆级别的普通藏品，但并没有成功吸引多少游客。一些地区允许投资者将建筑物改造成私人会所，对于开发商来说，这些不过是面子工程。不幸的是，即使有足够的资金来解决硬件问题，软件方面仍然十分匮乏。

第一次拜访品相宅后没几天，杨龙的妻子袁女士对我说："我建议你继续这个项目。"她看得出，我对这座老宅着了迷，就像一个初坠爱河的年轻人，始终无法逃脱可能被心上人拒绝的恐惧与不安。

与杨龙及其妻子合影　2006

"在中国，我们经常'摸着石头过河'。也许这就是你对这个项目该有的态度。"一位村民建议说，"如果喜洲镇政府能批准这个项目，你应该没问题。"

我请杨龙把我介绍给喜洲镇的政府工作人员，随后镇政府又帮忙联系了大理市政府发展办公室。出人意料的是，我得到了两方面的支持。他们刚刚接管了藏在喜洲古镇中心一条小巷深处的另一栋建筑，问我除了租赁杨品相宅之外，是否愿意买下那座宅院。

这第二个院落是杨卓然先生于20世纪30年代建造的，新中国成立后曾短暂作为喜洲镇政府办公楼。尽管杨卓然院的大小只有杨品相宅的三分之二，但从许多方面来看，它的规模更"宏大"：卓然院是喜洲最高的建筑之一，并且融合了更多20世纪初上海建筑的装饰艺术元素。当时我们的资金只够启动其中一个项目，于是决定继续建设空间更大的杨品相建筑群。不过在2012年，杨卓然院成为我们的教育营地。

杨品相宅最初是杨家的祖产，新中国成立后，品相宅被解放军接管，并被用作100多名医护兵的兵营。我们大院的东北角，有一间曾供当时士兵使用的厕所，它的地基今天还在。我们以为政府知道，品相宅的16间客房将设有私人卫浴，然而第一次规划会议打破了我们的设想。

一位当地官员建议："或许你们可以把这个老旧的户外厕所，用作所有客房的公共卫生间。"他没有考虑到，让付费住宿的客人步行75米才能使用户外厕所带来的不便。我们意识到，接下来需要漫长的谈判。

另一个我们不知道的复杂情况是，喜洲镇政府把品相宅租给我们，但没有告诉我们还必须得到喜洲文化站的批准。品相宅的文化遗产地位，使得获得上述许可变得极其复杂。当时我们已经开始翻新这座宅院，并没有意识到需要额外的手续。由于我们在文化站不知情的情况下就启动了修复工程，该项目立即被叫停了，文化站斥责要取消该项目，可能还会追究我们的法律责任。

我和瑾妮以为，和村政府签署了合同意味着所有人都批准了我们的项目。我们为自己的行为辩护，声称的确不了解文化站的要求。在与地方和省级政府官员进行了几十次会议后，他们终于同意我们继续这个项目。建设才刚刚开始，我们就已经伤痕累累，充满困惑。

喜洲本地的修复团队仍然很支持我们。一个来自美国的家庭，作出如此大的牺牲来修复当地的部分文化遗产，他们感到很骄傲。在为期一个月的项目休整期，他们鼓励我们："中国会照顾你们的，别担心。""如果你们需要住的地方，就过来跟我们一起住吧。"在项目初期的挑战中，本地伙伴们坚定的乐观精神激励了我们。没有他们的乐观，我们可能已经放弃了。

施工期间，我什么事都想亲力亲为，所以经常被我们急脾气的工头叫住，"老外——别拖慢我们工人的进度。如果你想成为瓦匠、木匠、油漆和焊接工，那永远也别想开业！"

当然，他是对的。但我想向乡亲们证明，我们的项目是整个社区的共同努力。我来这里不是为了接管他们的文化遗产，不是为了从沿海城市引进工人和建筑师，也不是为了用进口豪华轿车把客人们接送到所谓"中产阶级俱乐部"，或者只接待来访的有钱人。村庄才是我们项目发展的重点：村民们必须参与进来，也必须在社会和经济层面能够获益。

我来到喜洲，不是为了美化或改变他们的传统习俗，以迎合沿海地区游客的期望。相反，这个项目的宗旨是突出该地区的在地文化生活，而不是对它进行舞台化的展示。我希望我们的民宿体验能超越老宅的房间，更着眼于整个村落的发展。如果不能与社区和村民们紧密结合，这个模式不可能成功。反过来，我们的街坊四邻，也欢迎我们进入他们的生活。因此，我觉得不仅要用投资，而且要用自己的双手和心来参与这个项目。即使他们有时不得不为我掩饰失误，工人们还是很欣赏我的努力。

飞虎队

焦土之地，空中飞虎

大慈寺从来没有这么热闹过。

1939年的春夏之交，数百名当地人和外来者聚集在大慈寺的第一进院。其中很多人长途跋涉了2 000多公里来到喜洲，在接下来的八年中，他们将在寺庙附近的僧侣房舍上课。"雅礼学堂"在华中大学的创建和发展过程中起了重要作用，为该校提供了很多美国教授。当时部分大学连同师生，正从遭受日军侵略的中国东部大片沦陷区撤离。

喜洲是一个完美的避难所，它隐藏在喜马拉雅山系东南余脉的横断山脉，怒江、金沙江和澜沧江在这里汇聚而成三江并流的奇观，也形成了很多世界上最深的峡谷。喜洲位于狭长平原的中央地带，在海拔4 000米的苍山山脉和中国第六大湖洱海的清澈水域之间。从北到南长约50公里，从东到西只有3公里，这个海拔2 000米高的盆地曾经是一片海，如今土地肥沃。山谷上游栽种着橘子树和核桃树。每年两季作物在夏稻、冬蚕豆和烟草之间轮作。

20世纪30年代，侵略的战火从东部逼近武汉，华中大学全校师生举校西迁，经过艰苦的长途跋涉到达喜洲。应邀前来讲学的著名作家老舍被喜洲深深吸引，将之称为"东方的剑桥"。当时最负盛名的画家之一徐悲鸿，也曾在喜洲的明代孔庙办过一次画展。一些外国教师和学生在文法学院每周举办一次英语角。当战火在中国大部分地区蔓延时，这个滇西小镇却比以往任何时候都更具思想活力。

1941年12月24日，学校师生因为另一个原因而兴奋起来。那天晚上举行了一场特殊的活动，村里充满了兴奋和期待。

一小群美国飞行员和无线电通讯员，住在小镇东北部的一间老宅里，他们正在砍一棵松树，准备当天晚上把它放在主广场上。虽然这些外国人不会说汉语，但他们经常开着威利吉普车在小村庄里晃悠，这种军事越野吉普是当时喜洲地区仅有的机动车，外国人会从吉普车上给当地孩子们丢些糖果。

虽然英国、法国和美国的传教士已经在云南地区生活了几个世纪，并在大理建立了大型的新教和天主教教堂，但许多村民从未听说过圣诞节。不过，喧嚣的节庆活动是另一回事，当地人喜欢一切有计划的混乱。每个人都期待那天晚上会发生一些生动有趣的事。

这些外国人是一群冒险家和空军战士，他们被称为第一个美国志愿者小组，但更为人所熟知的名称是"飞虎队"。大约300名美国人来到中国西南，协助中国免受日军的进一步侵略。由于美国当时尚未正式参与太平洋战争，美国政府无法合法支持中国抗战。美国军方有人想出了一个巧妙的解决方案：让一批精心挑选的飞行员从美国空军退役，帮助中国运送战略物资并获取酬劳。更重要的是，他们每击落一架日本飞机都能得到奖金。来自得克萨斯州的"好战"将军——克莱尔·李·陈纳德指挥着这支航空队。他们的飞行路线从印度东部穿越缅甸北部，经过喜马拉雅山系两大连绵起伏的山脉，降落在昆明、桂林和重庆等城市的临时机场。这条航线因需飞越无数如驼峰般的崇山峻岭，被戏称为"驼峰航线"，由于高海拔的群山和不稳定的气流，该航线曾经（现在仍然）是世界上最颠簸的航线之一。

喜洲的美国飞虎队在肃清了日军对第二条山脉的军事威胁后，为东行的飞机设立了第一个雷达站。村民几乎每天都能听到寇蒂斯P-40战斗机穿越苍山洱海，飞越佛教圣地鸡足山，飞往昆明的声音。这些出现在喜洲上空的飞机，确保了日本侵略者无法攻陷大理山谷。日军战机在大理盆地只投下过两枚炸弹——一枚在洱海中爆炸，没有造成任何伤害；另一枚是哑弹，后来成了附近寺庙中的一个"怪物"。

美国飞行员向善良的当地百姓表达了感激之情。几个月前，一名"飞虎队"飞行员在山脚下迫降。当地的村民立即赶来救援，把受伤的飞行员抬到家中，照顾他直至康复。他参加了当晚的圣诞庆典活动，并向美国媒体讲述了自己的故事，进一步巩固了美国对中国的支持。

西南地区的人民永远不会忘记这些飞行员作出的牺牲。1941年的圣诞树庆典，是他们发自内心地向外籍援华志愿者表达感激之情的一种方式。飞行员们唱着歌，分着糖果，鼓励当地百姓给圣诞树挂上水果和装饰。华中大学的师生表演了音乐和小品节目。70年后，有关庆祝活动的回忆仍然萦绕喜洲，激励我们在2008年重新恢复这一传统。虽然这些记忆已经过去了几十年，但是这个地区的人民仍一如既往的热情好客。

14 "喜林苑"的开幕

对确定性的追求阻碍了对意义的探索。
不确定性才是激励人展现自身力量的条件。

——埃里希·弗罗姆[1]

在饱受各种不确定性的困扰后,"喜林苑"的开业庆典终于定在了2008年5月1日。然而直到4月28日,我们仍然面临停电缺水的窘境,供水只能靠一根给花园浇水的普通水管。因为没有电,水泵无法将水输送到各个房间。我们无法测试卫浴,也不知道储备水是否足以供一间以上的客房淋浴。

文物保护部门不允许我们使用任何太阳能热水设备,因为它们放在室外会干扰保护建筑的视野。我们不得不在品相宅后院增建一间设备室,以容纳锅炉、变压器和一个四吨重的大型发电机。设备机房的屋顶后来成为我们的稻田露台,如今已成为大理最具代表性的取景地之一。

---

1 埃里希·弗罗姆:德国精神分析学家、哲学家、教师和作家。——译者注

修复中的"喜林苑" 2007

当时云南省正遭遇一场干旱，当地政府承诺通过小型公共输水管进行应急供水，但即使在最好的情况下，供水量依然是杯水车薪。2007年中期，我们就注意到了这个"隐忧"，开始为获得更稳定的水源寻找替代性方案。品相宅内有两口水井，但水质较差，只能用来给植物浇水。我们设计了一个完整的防火系统，但现有水压无法确保这个重要的物质文化遗产完全无忧。由于无法使用宅院外的土地空间，我们说服政府批准在院内安置两个大型蓄水系统——化粪池与备用水池。备用水池安置在后院，上面盖有花园和屋顶露台；化粪池建在品相宅的第三进院，由四个单独的污水处理器组合而成，化粪池废弃物会先通过各种过滤器和净化颗粒，然后再泵入公共污水系统。

蓄水项目于2007年8月获得批准，当时正值大理雨季中期，我们仍不得不推进两个蓄水系统的挖掘工作。化粪池不需要与第四进院的蓄水系统占用相同的体积或空间。我们更关心的是，如何确保净化系统不会散发出难闻的气味。这个工程很有挑战性，因为我们只聘请本地工人，而村民家里没有化粪池系统。我们与来自昆明、北京和大理的工程师们一起设计了这个净化系统，直到今天它仍运转良好。在接下来的14年里，镇政府和州政府投资建设了最先进的污水处理系统，使整个地区都拥有现代化的基础设施。

第四进院必须建一个巨大的蓄水池。品相宅的建筑总面积达2 700多平方米，我们不得不建造一个供水系统，其体量甚至超过了后院的总面积。唯一的解决办法就是把它安置在地下。

雨季，大理高原的水汽变得极度饱和。西南季风所带来的水汽，经孟加拉湾和缅甸推升凝结后，逐渐洒落在如平行屏障般南北绵延的山脉两侧，滋润着陡峭峡谷中的青翠稻田。暖湿气流在东移过程中逐渐减弱，把最后的雨量留给了最高的山体——品相宅庭院外的苍山。虽然品相宅正处于"干旱"中，但连绵不断的降雨使周围的稻田变得松软湿滑。

品相宅第三进院长满了草木，据说还有数十条（我们只遇到了三条）凶猛的蛇。我们计划用院墙把这个区域围起来，让它看起来像是老庭院的一个无缝衔接部分。首先我们必须移除所有植物，把整个区域挖至近4米深，然后整体浇筑一个水泥槽来储水。由于蓄水池占地面积很大，我们不得不从距第四进院外墙和第三进院6米高的后墙仅1米远的地方开始挖掘。

沙恩在建设中的蓄水池前　2007

外墙修复及重新粉刷　2006

修复中的"喜林苑" 2006

　　为了保护宅院，我们无法使用挖土机来辅助施工，所以我们和一个20人的团队一起进行手工挖掘。大家冒雨工作，利用泥土来夯造土外墙。两周后，我们已经挖了两米多深。然而，第二天我们遭遇了地下水渗漏。地下水开始从地基两侧渗入，我们挖了一条小渠，将地下水引向附近的稻田。每天早上我们开工时都会发现，几乎有30厘米深的水渗进了地基。我们会先用一个粗暴又喜怒无常的发电机把水抽出来，再测量当前的深度，互相欢呼鼓劲儿："只剩1米了！"

　　在整个施工过程中，文化站监管员经常来实地巡查，并不断提醒我们不要改变原有的建筑结构。

　　"未经批准进行任何改动都是犯法的，搞不好会因此吃官司。"他们总是带着勉强的微笑说。

我也会回以苦笑，对我和瑾妮所承担的风险和责任心存敬畏。一个明显错误就可能导致整个项目失败，甚至可能因此坐牢。

美国大使馆警告过我们这个项目的风险。当时，有关部门已要求星巴克关停在紫禁城的分店。大使馆最不希望看到的就是，另一个美国人与中国的国家文化遗产进行互动。大使馆派出一些来访工作人员，试图劝我们回头。我和瑾妮告诉他们，地方政府的支持给了我们足够的信心继续这个项目。使馆工作人员皱起眉头，重复着和文化站巡视员一样的叮嘱："务必谨慎。"

9月初，第三进院6米高后墙的墙体开始出现裂缝。几天后，当我们在后墙南侧挖地基时，屋顶瓦片掉落下来。我们几乎已经准备好开始安装钢筋框架，以便整体浇注构成蓄水池的混凝土。然而，那天下午一场大雨过后，墙壁开始"呻吟"，裂缝不断"扩大"，墙壁似乎在向我们蓄水池的方向倾斜。我们所有人都从工地跳了出来，逃到了稻田里。

由于土地过于湿滑，我们又在墙底部挖了一个很深的水池，院墙地基变得更不稳定。我们已经如此接近成功，一旦完成了水泥浇注，就可以填补整个后院，恢复墙体的稳定性，但此刻我们必须立即采取措施来支撑这面如同城堡般高大的院墙。

我们团队成员去寻找长木板和竹板作为临时支撑。夜幕降临时，我们已经找到了将近50根3—5米长的木板和顶杆。

手工修复工作照　2006　　　　　修复工作照　2007

　　我们终于熬过了整个雨夜，发电机发出不和谐的呻吟声，令街坊四邻不知所措。团队成员在梯子上爬上爬下，试图把这些摇摇欲坠的木杆钉进墙脚松软的土里。经过一个漫长的不眠之夜，太阳终于升起，一根根像豪猪刺一样的木杆和竹竿抵着白色的墙壁排列，看起来几乎像是一件有意为之的当代艺术品。

　　接下来的几天都笼罩在恐惧之中。我无时无刻不在担心墙体倒塌，很可能会砸伤我和施工团队，导致这个项目终结。接下来的一周，我们全天候地监视着院墙的动向。

　　让我们惊喜的是，团队成员自发从家里带来了木材，这些木材每小时都会被添加进临时壁垒。

　　天气终于放晴，太阳连续照耀了十多天，我们能够浇筑混凝土水池了。后续将洞填满的操作并不复杂。我们修复了墙体的裂缝，它的稳定性与从前无异。蓄水池开始蓄水，缓慢但有序，直到不知什么时候突然停水。

"这个水库可以容纳约25万升水。现在你们的供水系统每天大约产生900升水。因此，大概需要250—300天才能将水池灌满。"工程师计算出品相宅每个房间需要用水50—75升。"如果所有房间都住满，你每天至少需要1 200升水，还要包括厨房用水。水量不能低于50 000升，否则无法启动防火系统球阀。"

距离开业还有5个月，我们计算了一下，在招待第一批客人之前，这个蓄水池可以积累超过135 000升水。我们很自豪能克服这些最初的挑战，注意力也转到了其他问题上。但是，我们忘了检查花园的水管是否曾经中断过供水。六个月后，我们此刻的粗心大意会反过来再次找我们麻烦。那时我们才了解到，自以为是在中国农村绝非一种美德。

解决了水源问题，我们必须在不破坏现有木结构的情况下设计建造浴室。这很复杂，因为老旧的二层木地板不能承受现代卫浴的重量。我们在每一坊都设计了房间，长度超过17米、宽度超过7米，一共四间。将每坊分成两个房间，意味着每个房间含浴室面积约有50平方米。

为了尽量减少对木结构的损伤，我们决定将上下两层中间的堂屋各改建两个浴室，因此每坊总共四间客房、四个浴室。主支撑梁从东到西，将每坊分成三个6米宽的独立空间。一些白族家庭借助这些房梁和薄木板墙，将楼层分成三个不同的空间。但这些木质隔板在军队使用宅院时已经被拆除了。

我们在从前每坊中间6米的区域设计了浴室，每层两个浴室宽3米、长5米。施工时为了保护原有木材，我们小心翼翼地拆除了一楼天花板和二楼地板，并给它们编上了号码，存放在仓库里。然后以低层的石头和水泥地面为基础，建造了一个钢筋水泥板面，延伸至二楼的天花板。这个夹层悬浮在木质主支撑梁之间，将来可以拆除，存放在仓库中的原装楼板也可以很容易地被重新铺回到它们原来的位置。

施工中的第三进院　2007

宅院供水，通过一根从外墙接入的主管道输送。我们把它埋在品相宅底部的重石之下。这条管道连接着每一坊的中央水闸，然后各坊的水会经由水泵输送到四个卫生间。所有这些管道和砖砌浴室结构将来都可以拆除，便于恢复建筑的原始面貌。我们自豪地确信，这次改造不会对原有的木质院落造成什么损伤。

我们画廊之前的顾客和朋友组成的大型"露天派[1]"绘画小组是"喜林苑"的第一批客人，这个32人的小组住满了16间客房。我于4月24日离开喜洲，到远在东边500公里外的桂林机场接他们，计划在乘火车前往云南之前，先带他们到贵州农村进行为期5天的旅行。他们于26日抵达，但不到1个小时我就开始遇到了问题。

我预定了一辆39座的大巴，想着应该可以容纳32名乘客。但我没想到，客人的行李箱占据了大量的空间。每个旅客都带了两个大号旅行箱，一个可折叠的画架，还有颜料和照相机。我们不能把所有行李都装上旅游巴士，所以我冲进停车场，想再找一辆面包车，帮忙把剩下的箱子运到我们预订的桂林宾馆。我在出租车站附近拦住了一位中年货车司机——赵女士，她似乎很关心我的处境，主动提出帮忙。我被她的友好感动，决定雇她5天后跟我们的巴士一起前往目的地贵阳。

---

1 露天派：又称外光主义式外光派，该画派提倡直接在日光下作画，回到画室内亦不会作出任何修改。代表画家有霍金·索罗亚、文森特·威廉·梵高、亨利·马蒂斯等。——译者注

"喜林苑"的首个游客团合影（含杨扬） 2008

在桂林住了两晚后，我们的大巴车向北驶向贵州省的稻田。我们上山时，一场雷雨笼罩了这个地区，乘客们都唉声叹气。我听到有些乘客在后面谈论他们的行李。

"你确定这女人可靠吗？"他们冲着车头喊道，"我们已经二十多分钟没有看到她的车了。"我突然开始担心，自己会不会被那个外表善良的女人骗了？

我们转弯又行驶了15分钟后，发现赵女士的面包车就随意地停在路边。她正在外面向过往的汽车和卡车挥手致意，因为下雨交通不畅，她看起来像沐浴在一层薄雾之中。认出我们的巴士后，她高兴地跳着脚向我们挥手，担心我们因为大雨看不到她。

我们再次掉头，把车停在她的货车后面。

爆胎似乎总在最不合时宜的时候发生，这次也不例外。天气恶劣，道路艰险，让换轮胎变成一项挑战。但当我们发现面包车司机的后备厢里没有备用轮胎时，这一切都变得不可能。我们在桂林以北75公里的某处，唯一的解决办法就是给赵女士的丈夫打电话，让他再送一个轮胎过来。

看到赵女士以后，客人们不再担心他们的行李，却开始对长时间的等待不耐烦。大巴司机知道我们那天晚上的住处，我让客人和司机一起先上路，告诉他们我们可以在北边50公里处的午餐地点会面。如果我们没能赶上午餐，也可以在酒店碰头。

1小时后，赵女士的丈夫带着新轮胎赶到了。我们花15分钟换了轮胎，90分钟后到了那家并没有看到巴士的餐馆。他们一行人刚刚离开，赵女士和我没吃午饭，试图追上他们。我们绕过都柳江，经过风景如画的苗村和壮寨，爬上一个小道口，绕过一个弯道，才终于追上了巴士。

前方的山路发生了小规模的山体滑坡，一侧的护栏已经被撞倒，而巨大的石块仍然堆积在车道上。我们前面大约堵了十几辆车。司机们将引擎熄火，在路边打牌。其他司机告诉我们，这条路还要2—3个小时才能恢复通车。

沿着这条路走几百米，有一个老侗寨，村里有一座装饰华丽的风雨桥[1]和一座15米高的鼓楼。这座小山让我们很难估算确

---

1 风雨桥：又称花桥、福桥，流行于南方部分地区，整体由桥、塔、亭组成。——译者注

切的距离，但是我建议大家徒步到村子里去，做一些即兴写生。我们带着画架和颜料盒，开始向河边走去。当我们翻过小山，才发现村子在都柳河的另一边。眼前没有桥。

这一天已经充满各种失望，我不会允许一条区区50米宽的河流妨碍我们拥有一次难忘的写生。我开始向河对岸大声呼喊，向一些村民挥手，试图让他们理解。我用肢体语言比画出我们需要的东西——几只能带我们过河的船。其中一个女人转身消失了，随后又带了几个男人回来。他们向上游走去，那里有5只竹筏停在岩石岸边。他们用长长的竹竿撑着竹筏过了河。

我的客人不懂中文，我想让他们觉得船夫是来帮助我们的，并不会要求我们付费。我谨慎地商定了一个价格，200块钱把我们所有人都带过河，并去一些村民家做客，画几个小时画。他们很喜欢这个主意，我们在这个小村寨里度过了接下来的3个小时。这期间，我密切关注着道路的状况，眼看着一长列停滞的汽车延伸超过了1公里。我们团队中有些上了年纪的客人，我担心他们无法适应没有厕所和床铺的夜晚。

客人们开始写生，有些人画河边的风景，有些人在征得同意后画村民的肖像。这些肖像画让当地人露出了灿烂的笑容，客人们把画送给了那些村民。3小时后，我们在河边集合，与许多村民拥抱告别，心满意足的船夫带我们迅速过了河。

我们回到车上，大巴还停在原地，司机在车后座睡着了。其他一些司机已经把山体滑坡中一些较大的岩石挪开，给摩托车和行人先让出通行的道路。

弯道的外侧比河面高出约75米。摩托车和来来回回检查路面损毁状况的司机们，把一小部分碎路面都压平了。剩下的障碍物，就是一段10米长被山体滑坡击中的防护栏，它的一部分已经扭曲，被撞到了下面的河道中，另一部分则被抛到迎面而来的车道上。我号召了一些客人，看看我们能否把护栏挪到路的另一侧去。那下面既没有房子也没有小路，护栏只要下降10到20米就是悬崖。我们要么试一下，要么就得在大巴车上过夜。

　　我先靠近护栏，试图独自挪动它。一些司机开始按喇叭表示鼓励。我给了他们一个绿巨人的姿势，一个腼腆的微笑，然后又试了一次。艺术家们也兴高采烈地加入了尝试的行列，后面还跟着一些本地司机。团结力量大，我们一群人齐心协力，护栏终于开始移动。随着越来越多人加入，护栏慢慢被推出悬崖，剩下的工作就交给地心引力。护栏下降了几米，才卡在一些小灌木丛中，但这已足以让我们尝试通过。我让所有客人都下车（没让他们拿走自己的行李物品，我觉得那样太戏剧化了）。司机不情愿地试图穿过滑坡地带，我走到大巴车前3米，引导着司机前行，当轮胎离路边不到10厘米时，我就大声示警。几个热情活跃的当地人抓住巴士的内侧，试图让它不掉下山。我们花了10分钟才走了不到10米，但我们还是成功阻止了潜在的危险。客人们冲过滑坡地带，上了大巴车。接下来的一路，我们都与故事和音乐相伴。这是充满失望和险阻的一天，但客人们将其视为一次难忘的冒险。那天的旅程可能是客人们最喜欢的记忆，它提醒我，好运能以各种各样的方式到来。

这群客人一到喜洲就又给我们带来了惊吓。瑾妮和"喜林苑"团队在我们到达的前两天才说服了政府，批准给品相宅接上电。经过18个月的修复和建设，我第一次看到院子里的灯亮起来，感动得流下了如释重负的泪水。就在48小时之前，我们还不确定能否为客人提供电力。

在"喜林苑"的第一晚，有个老年客人在后半夜起身，走到我们后院的露台。第二天一早，我们发现他在露台上盖着毯子睡着了。他妻子告诉瑾妮，他在房间里无法呼吸，于是出去透透气。其他一些旅行者也感到不舒服，我们意识到这是大理2 000米高的海拔造成的。然而，那个老人的情况似乎并未好转。他感到头晕目眩，无法呼吸。接下来的10天，他每晚都睡在外面。

我们给他提供了一顶冬帽、一件棉衣和一副手套。每天晚上，我和瑾妮每隔几个小时就会偷偷溜出去看看他。我们担心他心脏有问题，但他不想去本地医院。直到他们回到美国后，我们才从他妻子那里得知，他的动脉几乎95%都栓塞了。美国医生们都说，他能活下来简直太幸运了。

2008年圣诞节期间，我们的房间已经订满。许多住在北京和上海的外国家庭来到这里，与本地人一起参加为期一周的手工艺品制作，徒步苍山，并享用了一顿特别的圣诞晚餐。圣诞节深夜，前台管家悄悄地敲开我们的房门，让我去前台。

"一个美国客人刚刚下楼告诉我们，说他的房间里没有水。"前台低声说，"我们检查了公共浴室和厨房的水池，他说得没错，的确没水了。"

我说道："请给我一个手电筒，还有一根长杆。"然后我冲向第四个院子。一个厚重的水泥盖子下藏着我们的蓄水库，我费力地把它挪开，以便看清下面的水池。空洞的呜咽声，就如同空腹时的肚子咕噜乱叫，打断了我拆卸水池盖的动作。不用把灯照进蓄水池，我也知道它是干的。给水池供水的管道是干的，根本没有水，一滴都没有！

当时已经过了11点，大多数客人都睡着了。我打电话给两个家在本地的工作人员，问他们现在该怎么办。第二天是圣诞节，我们打算为所有家庭准备一顿特别的早餐和一顿丰盛的晚宴。

我们到品相宅正门外，追踪检查外部水源。我们打开公共水闸，发现那里也是空的，所以是公共输水管道没有供水。然而就在这条管道旁，有一个大型供水系统，将水输送到位于南边一公里处的一个政府会场。那根水管的大小大约是品相宅供水管的十倍，我估计我们可以借用一晚上的水，希望能满足"喜林苑"未来几天的用水需求。

我们从系统中取出所有的消防水带连接起来，形成一条300米长的"水蛇"，蜿蜒穿过整个品相宅（四进院），消失在后面的蓄水池中。我和工作人员用一个巨大的扳手打开了我们院门前的公共水闸。水立即开始向我们喷射，我们挣扎着连接消防水带，用了足足5分钟才完成任务，衣服已经完全湿透了。

水立即冲进消防水带，每隔10到20米，不同水带的接口处就会出现泄漏。当水流到后院的蓄水池时，我们已经流失了三分之一的水量。

　　整个平安夜，大量的水源拯救了"喜林苑"。当客人们醒来时，洗手间工作正常，还有节日早餐，全然不知我们在漫漫长夜中的挣扎。我凌晨4点钟在电视机房睡着了，一小时后被当地官员叫醒，他们礼貌地批评了我们，并要求我们把水带拿掉。我解释了"喜林苑"的状况，说无缘无故给品相宅停水并不合理，我们不能没有消防水带的供水。他们说："那就再开几个小时，但请务必在天亮之前把水带移走。"一小时后，我检查了储水库，终于听到了水的回声。我们暂时安全了。那晚的供水是我收到过的最好的圣诞礼物之一。

屋顶八方形藻井

15　村官与乡绅

官员：

杨村官很疲惫。有规律的哈欠打断了她与车上GPS的单向交流。

"不对，错了。"她冲仪表板喊道。或是，"根本没路啊，你怎么告诉我在那儿转弯呢？"

她与苹果智能语音助手一样的声音对话，穿插着向我和瑾妮提问："你们觉得我们镇子怎么样？吃得惯我们这边的食物吗？"

杨女士开车带我们进了山，前往中缅边境的一个偏远村庄。路况在土路和柏油路面间不断切换，似乎都是因为不得已的理由，我们摇低了车窗通风，以疏散无处不在的灰尘。

40分钟车程后，有两个穿着竹编衣服的小伙子从树林里走出来，其中一个手中拿着一副十字弓，另一个则拿着一把燧发枪。杨女士停下车，走近这两个年轻猎人。

"记住，朋友们，这里不允许打猎。"她友好地说。两个男人茫然地回头看了一眼，什么也没说，消失在丛林中。

"我不知道他们是否能听懂我说的话。"她笑着回到车上，"有些本地少数民族不会说普通话。"

很快，我们就经过了一个村寨，寨子里有草顶木结构的民居，建在峡谷边缘，俯瞰着湍急的溪流。最大的建筑是一个刚建好的半圆顶活动房，周围都是村民。鞭炮声响起，狗儿们狂吠，孩子们也尖叫起来。我们下了车，朝人群走去。

作为唯一的非亚洲面孔，我被热情地带到人群前，一群老人坐在一张临时搭建的简易桌后面，登记族人的姓名和电话。其中一位老人看到我后，惊呼一声跑到我身边，挽起我的胳膊，把我带到他的座位上。杨女士关切地注视着一切，似乎准备出面协调。我告诉她，我对这种关注没有意见，反而对村民在庆祝什么感到十分好奇。

"你是几十年来第一个来我们寨子的外国人，"为了让所有观众都听清，这名男子高声宣告，"刚巧就在我们为新教堂举行落成典礼的这一天，这是多么吉祥的预兆啊！"

直到这时我和瑾妮才注意到，这个铝合金结构的建筑顶端有一个摇摇欲坠的木质十字架。我们坐在长者们身旁，充当着荣誉欢迎委员的角色。寨子里的村民走到桌前，捐上些钱，算作他们对教堂的贡献。长老们会记下他们的名字和捐款金额。

"这是傈僳人居住的村寨。"杨女士解释说，"云南有超过75万傈僳族基督徒，很多人和这些村民一样生活在山里。"

傈僳族是中国比较独特的少数民族之一。他们发源于青藏高原东部，向南和西南迁徙到云南和邻邦缅甸。19世纪下半叶，英国创建了"中国内地会[1]"，20世纪初，其基督教传教士便开始

1　中国内地会：由英国人戴德生牧师于1865年创办的超宗派跨国家的基督教会组织。1964年更名为海外基督使团。——译者注

抵达傈僳族定居地。其中最成功的传教士之一是詹姆斯·乌特勒姆·弗雷泽，他于1910年来到云南，接下来的30年间他一直在傈僳族中传教。他为傈僳语创造了一种拼音文字，现在被称为"弗雷泽字母表"。

我偶尔会听到族中长者指着我叫一个名字——"富能仁"。我问杨女士，这个人是谁。她问过村民后告诉我，"富能仁"是詹姆斯·弗雷泽的中文名。一些老人说，自从90年前弗雷泽离开这个地区以来，我是第一个到这边来的外国人。

长老们向族人宣布，我出现在他们中间，代表了主对新教堂的褒奖。

"今天，这个人不远万里为我们而来。"

长老们都在吹嘘我，就像父母在谈论一个拿着完美成绩单的孩子。在他们眼中，我似乎真的代表了上天的旨意。

一个小时的热情款待后，杨女士提醒我接下来还有行程。我和瑾妮不情愿地离开了新朋友，发誓一定会再来。我们的车在鞭炮声和欢呼声中渐渐离去。狗停止了吠叫，孩子们冲到我们车旁，这是我们所能期待的最温暖的送别。

再往山上开30分钟，我们在8座水泥建筑中间停了下来。第一个建筑是一间小卖部，出售各种烟酒和一些罐装饮料。几个老人坐在店铺外，抽着一种竖直的长竹筒烟。当看到杨村官时，他们微笑着邀请我们一起坐在水泥台阶上聊会儿天。

"这个小寨子周边共有15户人家。我有责任照顾好他们。"杨女士说，"每个月会有两个周末，周六晚上或周日下午，我都和这些傈僳家庭在一起。"

她走向汽车，打开后备厢，让我帮她把后备厢里的东西搬过来。

"我给这些家庭买了水果、肉类、蔬菜和书籍。这些费用并不由党组织承担，我往返村寨之间的油钱也都是自己出的。我这样做是因为作为政府工作人员，我们必须帮助这些边疆少数民族。他们拥有的太少了。"

杨女士在车后座下方摸索了一阵，掏出了一些玩具。她带着我们走街串寨，像家人一样走进每户人家，给人们分发食物。几个小孩子从上面的窗户往外看。杨女士把他们叫下来，将玩具递到他们手中。杨女士笑了，孩子们高兴得叫起来，我和瑾妮在一旁羡慕地看着。

"就连我的两个女儿，都没有这样的礼物。"她说，"但这些村民与世隔绝，缺乏商业和就业机会，我们有责任让他们感受到扶持和关爱。"

在中国农村地区，杨村官只是一个典型，而非例外。过去15年间，我和数百名政府官员打过交道。我对政府合作方产生了深深的敬意——他们每天辛勤工作，长期加班，并牢记自身使命。这些人既是官员，也是我的朋友，我去他们家里做客，向他们的家人问好，也经常有幸参加政府工作会议。

就像和杨官员一起度过的周末时光一样，其他扶贫干部也和我分享了他们周末下乡的慰问和走访。他们也讲了类似的故事：自己掏腰包为乡亲们购买食品和礼物。他们牺牲周末时间，在这些贫苦地区帮扶走访却没有加班费；汽油和食物支出也没有补贴。政府希望用这种方式，增加乡村干部对当地村民生活的了解，促进扶贫干部对需要帮扶的困难群众的同情，并思考如何改善当地的乡村经济。在我与本地政府的互动合作中，我几乎没看到任何蛛丝马迹，让我怀疑他们为乡村居民服务的真诚愿望。

绅士：

一天早晨，我正摇摇晃晃地站在离地四五米高的梯子上，一个声音从下面传来："老外，你在上面干什么？"院子深处传来回响。对我来说，转过身去看看是谁的声音飘到我耳边是很危险的行为。我以为是我们修复团队的成员，于是开玩笑说："我不是老外。"然后继续拽着那些盘根错节的20世纪30年代的旧电线，它们固执地缠绕在雕花承重梁上。

那个声音责备我说："快从那里下来……那是工人的活儿，不是老外的。"并补充道："你只会弄伤自己，然后呢？再不远万里飞回美国？！"

我不情愿地爬下梯子，经过一双扶着梯子的瘦弱双手时，我不小心剐蹭到了右边那只手。

"当心点……我活了85岁，从来没见过这么大的脚！"

一位鹤发童颜、身着对襟长衫的老者，手里握着一根木质镶铜首的龙头拐杖，拉着我的手，带我走出了太阳的暴晒。老人机警又顽皮的眼睛映衬着红润的脸颊，丰厚的嘴唇处留着一撮稀疏的白胡子。他讲话时的语气亦庄亦谐，我很难分清他究竟是生气还是高兴。这位是村里德高望重的董承汉老先生，幸运的是老人没有生气，而且很快就成了我们一家在喜洲最杰出的领路人之一。

林登夫妇与董承汉老人　2009

　　董老先生是喜洲四大商人家族的后代。他和自己60多年的发妻，一生都在一个清朝的小院中生活。他父亲是位从事缅甸棉花贸易的进出口商，在他很小时因为一场车祸去世了。

　　"车祸发生时我只有12岁，自那以后我不得不开始学习照顾自己和母亲。"董老先生说道，"父亲总是跟我提起，我们董家在商帮中的显赫地位。我沉浸在典籍、书法和古乐中，同时努力实现父亲的愿望。"

20世纪50年代的土改过后，董老先生的院子搬进了几户其他村民，其中有些家庭相处得并不融洽。每当我拜访董家人时，那些"暴脾气"的邻居很少抬头看我们：小院子里挤满了对彼此假装视而不见的人。他们已经练就了一种"艺术"，只环视院子，而不去理会那些在他们视线范围内的人。这种行为相当有策略，我经常试图制造噪音或玩一些苹果杂耍，想看看他们的目光是否会转向我这边，但每次都以失败告终。

只有一次例外，一个邻居注意到了我们的存在。有个3岁的孩子从她的美国父母身边跑了出去，闯进了一个正在洗蔬菜的邻居家。这个女孩是第一个，也是唯一一个，能让邻居脸上露出笑容的人。

董老先生和他妻子住在这个砖木结构小院的东厢房。两间不大的卧室，凌乱的床上罩着蚊帐，中间有一小块的休息区，董家人在那里挂了亲人的照片。我和瑾妮给他们的小电视配了一个DVD播放器，并帮忙把它连接起来。后来我们又给他们买了台微波炉。这两件礼物都放在鲜红的天鹅绒盖布下面，从来没有用过。

东厢房有一个户外厨房和一间不大的厕所，又窄又陡的木楼梯通往阁楼——传统上用来储存动物饲料的空间，但现在已改作老先生的工作室。

房间里挂着一幅他20年前画的水墨孔子像，在孔子像挂轴下，董老先生跟我们的客人讲述了喜洲的过往。

董老先生拿出剪报簿，里面全是从旧报纸上剪下的照片。

他会谈起飞虎队，以及在一辆旧吉普车后座向他扔糖果的美国士兵。他的工作室里摆满了书架，架子上放满了书法字帖，从旧杂志上撕下来的几页纸稿，还有20世纪30年代的"烟标"，上面绘有《三国演义》和《西游记》的故事。我成了猪八戒的忠实粉丝，它的形象是孙悟空取经路上同行的小丑猪。一天晚上，董老先生给了我一个惊喜，他送了我一套他收藏的"烟标"。我把这些卡片分给了我的两个儿子沙恩和布莱斯，他们至今仍动情地回忆，他们那不同寻常但是充满温馨回忆的成长经历。

董老先生体现了喜洲对教育的尊崇。虽然他钦佩喜洲商人获得的财富，但喜洲人的受教育水平才是老先生最深刻的记忆。董老先生回忆，邻居家在省外读大学的孩子，其中有一个去了哈佛。他谈起那些造访过他家院子，并真诚地与他进行知识性讨论的教授们。当他回忆起那些访客时，他的骄傲之情溢于言表，时常吹嘘道："那个教授都不知道自己在说什么。"或者："我让他知难而退！"董老先生总是通过一个人的教育程度来衡量其价值，与这些知识分子的接触帮助他提升了自豪感。

16　农业技术变革对喜洲的影响

> 　　你从人民手中夺走的，不仅仅是他们的土地，而是他们的故土，他们的过去，他们的根，甚至他们的身份。
>
> 　　如果你拿走他们已经习惯看到并期待看到的事物，某种意义上，你也就拿走了他们的眼睛。
>
> 　　　　　　　　　　　　　　　　——伊萨克·迪内森

　　机械噪音如同一种沉闷的非典型悸动，打破了原本田园牧歌般的宁静。远处的雷声回荡山间，呼唤着拂过山巅的季风降下它们的馈赠。几十个衣着鲜艳的白族女子，在"喜林苑"周围的田野中弯腰劳作，她们的歌声，被几台在泥泞中艰难行进的笨拙机器所淹没。妇女们跟随着几台拖拉机，与田间的白鹭争夺身位，白鹭在犁过的土地上觅食小虫。最古老的农业传统之一——水稻种植季开始了，但今年的基调却不像往年那样和谐。

　　杨品相宅"漂"在一片金色的稻浪中。每年5月雨季开始时，我们村的乡亲都会在田间一棵接一棵地插秧劳作，现在繁盛的水稻已经遍布大理山谷。我们看着孩子成长时，对时间流逝的感觉特别明显，而在中国乡村生活时，对四时更迭的体悟也更加深刻。

稻米是中国的生命线。亚洲水稻产量占全世界的90%以上，其中近三分之一来自中国。云南省大部分地区属于温带气候，即使在海拔2 000米以上的地方，每年也可以种植两季作物。大多数专家认为，水稻最早是在珠江三角洲以东1 000公里处开始种植的。考古学证据表明，该地区的水稻种植可追溯到13 000年前，第一批水稻种植农具则出现于8 000年前。

农民老李一家，在同一块地里耕种了近70年。土改后，政府把土地分给了农民，老李的祖父每年靠烟草和水稻这两种作物的收成过活。"我在这片土地上努力耕种，抚养我的孩子们。"老李凝视着这1.5亩土地讲道，"过去，我靠卖庄稼大概能赚1 000块钱，足够维持一家七口的生活。"

从2005年开始，老李的儿子不再在田里辛勤劳作，去了本地一家旅游公司当司机。老李抱怨说："我儿子不关心土地和庄稼。他认为当农民赚不到钱。他每个周日花一两个小时在这里摘些杂草，但是他和土地没有任何联系，他宁愿在手机上玩游戏也不愿弄脏自己的手。"农民老李叹息道，"我们老两口承担从种植到收割的所有农活，到年底能拿到几千块钱。最重要的是，土地仍是我们家的根。"

农民老李希望，自己的孙子孙女能学会为土地骄傲。他经常带着两个孩子去农田，分享他年轻时的故事。这1.5亩地原是一片大农田的一部分，现在农田已经外包给一家公司耕种。那家公司和每块土地的所有者进行了协商，把相邻的小块土地化零为整，以便实现机械化耕种。老李说："外面那台机器，让农民变得更容易放弃土地。很快，我们村就没人种田了。"

在自动种植机这个新家伙出场之前，农民们会先使用塑料水稻育秧盘将秧苗集中培育几周，育秧完成后再将秧苗从茂盛的田间移走。这些秧苗会被切分成类似草皮的秧盘样本，然后分别被移植到隆起的田埂中。沿着笔直的田间拉线创建的蒙德里安式几何形边界，严格引导着各块稻田的田间管理。

这些妇女过去要工作好几天，才能栽种几十亩水稻。现在一台插秧机就可以完成相当于50至60人的工作量。妇女们通过捡起没有完全插稳的秧苗，来减少插秧机的损耗。

上周插秧机的到来缓解了许多农民的实际困难。这些机器售价在4到5万元间，购买者都是富有创业精神的农民，然后他们将插秧机以每亩三四百元（含秧苗）的价格出租给个体农户，如果你有土地，价格则会更低。

大多数村民都拥有一小块地（喜洲大概平均每户一亩半）。现在很少（即便有的话）有人靠种庄稼维持生计，农民们靠从事其他行业谋生。为了保留土地，并确保国家粮食安全，所有者必须耕种田地。随着越来越多村民离开农村地区到大城市谋生，土地对他们的生计而言不再那么重要。

如果持有耕地却不耕种，农民们就可能面临土地被收回的风险。水稻插秧机为外出务工的农民提供了一个省心的解决方案——这种统包方案对农民来说只能勉强维持收支平衡，但确保了他们家继续保有土地。

我最喜欢的文学人物形象是《安娜·卡列尼娜》中的列文。列文是托尔斯泰本人的一幅含蓄的自画像，虚荣和权势正日益推动着当时俄国社会的发展，而列文享受着简单的人生体验。他欣然接受并努力克服坠入爱河的兴奋和脆弱，为人父的喜悦和恐惧，以及与"生命存在"问题相关的不确定性。他在与土地的联结中找到了慰藉，他与农民们共度数日，从乡邻们的团结中获得满足和安宁。尽管列文出身于贵族家庭，但他仍然钟情于"乡土"，这体现了托尔斯泰的信念：耕种和爱护土地，会使人类变得更美好。列文作为人，他的基本人性似乎与土地密不可分。

托尔斯泰认为："幸福的首要条件之一，是人与自然之间的联系不被割裂。"随着越来越多的农民工迁移到大城市，他们的物质生活呈现出可以量化的改善——获得更好的医疗保健、教育和高薪工作的机会——使得大多数乡镇居民为国家的经济福祉做出了更多贡献。几千年来，农业一直是形而上的中国文化的基础，但我们究竟如何才能保有对于乡土的敬畏之心？

生长

17 居家教育

　　我的孩子对游牧生活并不陌生。大儿子沙恩6岁时，已经旅居过10个地方了。但这次有些不同：新的国家，新的语言，异国风味的食物。我和瑾妮都清楚，我们中国实验成功的关键，在于孩子们是否能像他们的父母一样热爱旅行。

居家学习的沙恩、布莱斯与家教梅根　2012

　　从2004年到2007年，我们以家庭为单位入住过100多家酒店。我们很节俭，住在每晚10美元的小房间里，沙恩和布莱斯要么挤在标准间的邻床上，要么睡在地板上的睡袋中。孩子们重达25公斤的教科书，以及他们的毛绒玩具和乐高玩具一起塞在一个手提箱里。

那个年代还没有kindle电子阅读器，室内娱乐仅限于书籍和电子游戏机。孩子们更喜欢后者，但我和瑾妮把他们的游戏时间限定为每天一小时。我们在中国的行程经常包括去当地新华书店购买双语书籍，去花鸟市场搜寻宝藏，增加孩子们的小矿石和木质护身符等收藏。

在桂林逛大型跳蚤市场时，大儿子沙恩"走丢"了。我和瑾妮在地摊过道里急得像热锅上的蚂蚁，大声喊着孩子的中英文名字，逢人便问是否见过一个10岁男孩。这种经历简直如同恐怖电影中的场景。我们最后无计可施，只好向市场保安求助，用扩音器反复呼叫孩子的姓名。后来我们发现沙恩在拥挤的摊位间徘徊，研究着"文人石"的图案。我和瑾妮终于冷静下来，她问沙恩意识到自己迷路后害不害怕。沙恩漫不经心地回答："我知道你们会找到我的。"我们一家人紧紧相拥。我心想："这孩子不会有事的。"

我们每到一家新酒店，无论打算住多久，都会尽量让房间有家的感觉。我们会认真摆放所有"家当"：挂衣服或洗衣服，打开洗漱用品（通常把它们分摊在随处可见的小洗漱池旁的地板上），把沙恩和布莱斯的书分别放在酒店房间桌子的两端。笔和纸收在桌子抽屉里，笔记本电脑放在两摞书中间，由两人共用。这样做给我一种家的感觉，每次旅行我都会遵循这个习惯。

我们会在房间的电视机上安装一个便宜的便携式DVD播放器，晚上看美剧来娱乐放松。男孩们最喜欢的节目是《神探阿蒙》和《宋飞正传》。我还记得在一家中国乡村民宿，我们四人躺在床上看剧集时，水牛从窗户下面经过。每次宋飞和窗外土生土长的中国农民同时出现，总会令我们捧腹大笑。虽然在中国农村居无定所、四处漂泊，但我们一家人始终在一起：爸爸、妈妈、沙恩、布莱斯、蒙克和宋飞，时间总是过得飞快。

定居喜洲时，我和瑾妮选择让孩子们在家上学。这种居家教育方式在美国有着悠久的传统，是早期开拓者唯一的教育选择。但我们今天所知的"家庭教育运动"起源于20世纪60年代，那是一个革新现状的时代，当时包括传统教育在内的许多社会规范都受到了质疑。尽管在家接受教育的学生一开始人数很少，但是20世纪80年代通过的法案使居家教育在许多州合法化，到1993年在所有50个州都已合法。根据美国国家教育统计中心收集的数据，截至2016年，约有170万（3.3%）美国学龄儿童在家接受教育。

教学中的玛莎老师，居家上学的孩子及朋友们　2010

这些数据报告调查了家长希望孩子在家上学的原因。对安全、药物、同学负面压力（校园暴力）等问题的关切高居榜首，约有三分之一的家长将上述因素列为首要原因。其他原因包括：对学校的学术教育不满意（17%），希望提供宗教教育（15%），除身心健康问题外的特殊儿童需求（5.8%），希望提供非传统的儿童教育方法（5.6%），儿童的身心健康问题（5.5%），以及希望提供道德教育（4.7%）。

我和瑾妮选择居家教育，是想充分利用在充满活力的中国乡村生活的机会，让孩子们走出旅店大门，了解当地丰富的民俗文化。但我们也希望为孩子提供国际化的课程，为他们在美国乃至世界范围内接受大学教育做好准备，无论那时他们做出怎样的选择。

作为一名前地毯清洁工，我在杂货店货架上花费的时间比在高中课堂上还多。对一个拥有这样求学背景的人来说，居家教育的设想令人望而生畏。我从来没学过几何之外的东西，也从来没学过物理、化学或生物，而且我读斯坦·李[1]的书比读莎士比亚还多。如何教导孩子做得比我更好，毫无疑问是一项挑战。

瑾妮是孩子们的情感基础，也是我们能够承担如此多风险和责任的根本原因。她的母亲和姐姐都是老师。她们听说孩子要在家上学，比听到我们要举家搬到喜马拉雅地区时更为震惊。

---

1 斯坦·李：美国漫画作家、编辑、出版商和制作人，创造了蜘蛛侠、绿巨人、X战警、神奇四侠等超级英雄。——译者注

瑾妮研究了许多家庭教育课程，最后我们选择了三个不同教育公司提供的教学计划：美国卡尔弗特教育（The Calvert Education），劳雷尔·斯普林斯学校（Laurel Springs School）和内布拉斯加大学（University of Nebraska）。每个教学方案都有自己的优势和劣势。有的更全面，但要求更高；有的完全独立，却缺少师生互动。我们密切观察孩子们是否适应每个项目的教学风格，如果他们接受教学内容时有困难，我们会转向其他教学体系。

沙恩学得很快，总是提前完成作业。从某些方面来说，这很像我的做事风格和职业道德。我喜欢立即处理事务，从不满足到最后一分钟才完成工作。不同的是，布莱斯会花更多时间来完成他的功课。无论过去还是现在，他都是一个完美主义者，坚信在截止时间之前都要不断完善每一项任务。他对细节的关注极大地影响了我。

没有什么能让一个人为父亲的角色完全做好准备。我父亲是个为梦想奋斗的男人，我从关于他的记忆中获得启示。我记得他的谦逊，他在面对阅读困难的挑战时仍然渴望坚持学习，他鼓励我更忠实地活在自己的激情中。我尽一切努力与孩子们分享这些记忆。我希望每天的选择能证明自己对这些价值观的践行与承诺。

与我相比，瑾妮能够轻松地融入父母和老师的双重角色。而我总是频繁地在角色冲突中挣扎，既想做好父亲，又要激励自己学习。我觉得与其成为一个"监工"，还不如鼓励激情和冒险。我希望孩子们尝试新事物，从成功和失败的经验中学习，发展他们自己的价值观。我期待孩子们能向往一种超越梭罗"平静而绝望"的生活，重新找到生活的节奏，这种生活节奏与我们的基本人性并非难以调和。尼采认为，在人类努力变得文明的过程中，我们杀死了被囚于内心深处的兽性，失去了生活的韧性与激情，过着一种迟缓的生活。

我希望与父母并肩创业的生活可以成为孩子们生动的课程，从而影响他们未来的人生选择。我们每天、每小时都在做决定，这些抉择迎接了社会的挑战，超越了纯粹的生存乃至生活，展现了不同寻常的道路。我希望父母的榜样力量能给孩子们勇气，把世界看作他们的家园——一块创造生命的画布，而不仅仅是满足于生存本身。

尽管如此，我仍然有些遗憾，觉得自己在孩子们的家庭教育中没能发挥更积极的作用。他们的大部分课程内容都超出了我年轻时所学，我没什么信心去教一些自己并不完全理解的东西。相反，瑾妮有足够的勇气重新学习所有课程，让自己沉浸在教学内容中，确保自己是一个负责任的老师，督促孩子们完成学习任务。

我们每周都会和孩子以及他们的老师见面，一起回顾本周的教学进度。

瑾妮通常会先发问："孩子们上课准时吗？"

"看情况。"玛莎老师回答说，"布莱斯总是在8点钟准时吃面，而沙恩则总是在上课前匆匆吃完几片面包就冲进教室。"

在多数情况下，老师会和孩子们从早上8：30一起学习到中午，然后休息吃午餐，下午继续上课直到下午3：30。我们把

"喜林苑"的会议室改造成教室。会议室中间有一张长长的木桌，还有一大扇窗户可以看到下面的庭院。沙恩坐在老师左边，布莱斯坐在右边。老师的座位在桌子的最前面，方便她来回指导孩子们的日常学习。

"沙恩提前做完了本周的作业，所以布莱斯正努力追赶进度。"玛莎继续说道，"当我批完布莱斯的作业时，沙恩正在读《麦田里的守望者》。"

我们制定了一条规则，孩子们必须等到老师在桌子另一侧上完一节课后，才能开始上下一节课。只有当老师集中精力给其中一人辅导功课时，另一人才能自由阅读。

冬天那几个月的早晨，没有暖气的教室很冷。老师和孩子们会穿好棉衣、戴好毛帽子再开始上课，下午他们则穿着T恤结束课程。

学习进度报告经常有这样的评语："为了激励孩子们，我让他们轮流选择这个月的课堂音乐。唯一的要求是必须选器乐。沙恩挑了《黄金三镖客》（*The Good, The Bad, and The Ugly*）的电影原声，而布莱斯选了查理·布朗[1]（Charlie Brown）的圣诞音乐。"

有时玛莎老师会提醒我们："这个周末，我们要去古城见孩子的朋友们。"在大理古城，还有另一些外国孩子在家中接受教育。我们尝试安排孩子们每周末的活动。

---

1 查理·布朗：漫画家查尔斯·舒尔茨于1948年创作的连环漫画《花生》的主角。——译者注

关于这些周末旅行的汇报，听起来诸如："上周末，沙恩、布莱斯和他们的朋友在大理古城街头奔跑，试图重现他们最喜欢的电子游戏中的场景。我们在 The Sweet Tooth 甜品店集合，买了一些蛋糕，在电视房里看《勇敢的心》。"

"喜林苑"的国际客人源源不断，不利于孩子们严格的日程安排，每一天都伴随着新的冒险。我们鼓励所有客人完全沉浸在当地文化中，接受新的体验。老师和孩子们适应了这些日常变化，懂得了课程被打断也是一种有价值的社交休息。

从许多方面来讲，玛莎老师和孩子们在文化上是一起成长的。语言障碍对他们三个来说都是个"老大难"。虽然两个孩子都有基本的汉语知识，但他们很少需要用第二语言交流。玛莎经常分享她日常面临的挑战："今天我被问了一个问题，或者别人对我说了什么，我能做的就是露出甜美的微笑，然后'呆若木鸡'地杵在那里。"

居家上学的教室　2018

玛莎老师与英语角的孩子们合影　2011

喜洲英语角的第一课　2009

　　孩子们帮助老师为村里的学生开设免费"英语角"。每周六晚7点，4至18岁的孩子围坐在小镇公园的乒乓球桌旁，学习新的英语词汇。很多时候，当地孩子的父母甚至祖父母也都会来旁听。课程通常是一个小时，每周都有一个不同的主题。一天晚上，他们在一所房子里给学生上课。每个人学习了诸如阁楼、客厅、厨房这样的日常词汇，然后用彩色铅笔画出了他们的"梦想家园"。

我对"英语角"最美好的记忆，是学生们选择英文名字的那个夜晚，说他们很兴奋一点也不夸张。沙恩和布莱斯帮大家整理了一份长长的常用姓名表。名单上的备选诸如布鲁诺、惠特尼、汤米和西尔维娅等。

另一个关于"英语角"的有趣记忆是，"喜林苑"为整个村庄举办了一场圣诞音乐会。"英语角"的学生们学了三首圣诞歌曲，在1 000多人的观众面前进行合唱演出。我还能记起他们戴着毛茸茸的圣诞帽，尽可能大声地唱着《铃儿响叮当》。

在课后的领导力训练项目中，沙恩和布莱斯与一个住在大理古城的美国家庭合作，创建了一个对本地社区有益的项目。玛莎老师带领项目小组每周开一次会，讨论他们认为社区需要什么，制订计划并具体执行。经过几个月的规划，小组决定在大理举办一次垃圾清理日活动。他们准备了手套和垃圾袋，并制作了手工海报鼓励其他人参与。他们走上街头，捡了一下午垃圾。

喜洲英语角的第一课　2009

参加者除了我、瑾妮、玛莎，还有附近村

272

里的人。大家通过与街坊邻里及村委会工作人员的互动来了解喜洲，还参加了村民的红白喜事、新房落成的流水席。我们的朋友增进了对不同文化环境中成长差异的理解，这也影响了"喜林苑"不断发展的商业模式，使我们更加关注教育与社区互动。

环绕大理山谷的群山，也是孩子们的重要课堂。若隐若现的点苍山山脉，离我们村庄只有不到两公里。远处湛蓝的山峰不断召唤着窗外的孩子们和我，一起许下冒险的承诺。点苍山是喜马拉雅山系的余脉，苍山十九峰的海拔接近4000米，从南到北绵延80多公里。在喜洲地区有两个令人惊叹的山谷：一个叫做花甸坝，海拔3000米；另一个叫小花甸坝，海拔约3300米。根据季节变换，数百头牦牛从一个山谷迁徙到另一个山谷。夏天，它们会逃到气温较低的高地草甸。冬天，它们会下到海拔低些的区域，那里一年下十次雪。

我们第一次带孩子们上山时，布莱斯9岁，沙恩12岁。经过6个小时富有挑战性的山地徒步，我们终于抵达了一家小旅店，一家为偶尔造访的政府工作人员服务的招待所。花甸坝以中草药闻名，该区域大约有30名居民种植了数百片中草药苗圃。这些珍贵的药用植物，由驴队沿着茶马古道运往喜洲市场。

第一次徒步旅行，我们在旅舍过了一夜：双层床，户外厕所，条件有些简陋。这也是孩子们第一次如此接近牦牛。我们在牦牛群中穿行，担心这些两米高、400公斤重的"野兽"可能随时向我们冲过来。多年之后，我们跟这些善良的动物朋友已经相处得十分融洽，我们在草地上露营过无数次，傍晚时分，它们在我们帐篷周围悠闲地吃草。

沙恩和布莱斯经常在电脑地图上查找进入和翻越周边山脉的新路径。因为没有官方的徒步路线指南，他们会借助卫星图像搜寻动物们向原始山谷和草甸的迁徙路线。他们俩会自制雪鞋和登山杖，购买吸管式户外净水器喝小溪和池塘里的水，而不是携带瓶装饮料。他们总是消失在山中，有时甚至不告诉我们。布莱斯13岁时的一天晚上，我们在小教室里没找到他。我们询问了沙恩，他咧嘴给了我们一个柴郡猫式的笑容："这个问题难住我了……他很有可能骑自行车出去了。"然后又补充说："但我并不担心。他很快就会回家的。"

此后，我和瑾妮每小时检查一次，但布莱斯（林源）还是没有回来。我们准备晚餐时，布莱斯出现在餐桌旁，头发湿漉漉的。我们问他去了哪里。晚餐时，他不好意思地解释了自己一天的行动。

"上周末，我在谷歌地球（google earth）上发现了一条新路线，似乎可以通往湾桥镇那边的山峰。沿途有两个叫'黑龙潭'的小湖。我想去看看这些水塘，然后再爬到山顶，高度只有不到500米。"布莱斯继续说道，"我一大早就出发了，骑了10公里的自行车到了湾桥镇山脚下。我把自行车藏在树丛中，然后开始爬山。因为跟错动物的踪迹，误入了一片荆棘丛，最终我花了四个小时才到达池塘。"他卷起衬衫袖子，自豪地展示着前臂和手上的伤口。"中午，我决定徒步爬完最后500米到山顶，结果又花了90分钟。”

他骄傲地说：“我在海拔4 000多米的山顶上吃了面包和香蕉。”他掏出廉价智能手机，向我们展示了他俯瞰大理山谷的照片。“不想让你们担心，所以我跑下山，用了不到两小时就骑自行车回来了。不过最后的10公里有点艰难，我的腿因为下坡抖得厉害。”

作为家长，听到这个故事应该作何反应？一方面，我为布莱斯感到骄傲，因为他有勇气独立行动，追随他自己的足迹，展现出无论老少几乎无人能及的体能和耐力；另一方面，他没有告诉我们要去哪里，就独自进入危险的山区。如果他失踪了，我们根本不知该去哪里找他。

洱海边的沙恩和鸬鹚

275

从很多方面来讲，布莱斯做的正是我会做的事，同时也是我父亲在我之前会做的事。我一直对无人选择的路或"无径之林"很感兴趣，渴望追求身体和精神上的孤独。13岁时，我曾偶然涉猎酒精，与每一个伤及我脆弱的自信心的人打架。我怎么能因为自己的儿子做了我在他这个年纪也想尝试的事而惩罚他呢？他没有伤害任何人，相反他证明了自己的勇敢。但因为知道我和瑾妮很担心他，布莱斯感到抱歉和羞愧。当瑾妮轻声责备他，应该跟我们说明他的行程时，我坐在那里钦佩地看着这个小男孩，他的勇气令我自叹不如。

自2010年以来，"喜林苑"已经接待了数百个田野项目和来自世界各地的数千名学生。我们的项目立足于地方教学法（Place-Based Education，PBE），这是一种利用地理优势，让学习变得更富意义和吸引力的教育理念。学生分组对村里的老人、工匠、店主和音乐人进行访谈。他们的研究课题包括：喜洲乡村经济的主要驱动力，历史如何塑造了今天的喜洲，以及当地传统文化如何保持活力，等等。我们的跨文化项目主要关注：生物多样性、电影制作、创意写作、烹饪艺术和建筑工作坊。

我们也向本地学生免费提供学习机会。他们的参与，是我们所希望创造的真实环境不可或缺的一部分。我们相信，他们与外部学生的互动有助于拓宽他们的学术视野。我们从这些项目中得到了许多正能量的故事，其中包括我最喜欢的一次电影夏令营：两个本地高中的白族女生在父母的鼓励下参加了这次工作坊，最后去纽约参加了电影节。作为工作坊的实践环节，她们制作了一部名为《白族的灵魂》的纪录片，讲述了她们的家人和朋友在喜洲的乡村生活。我们把这部电影提交给了"纽约青年电影节"。不到半年，两个女孩和我们的生活导师团队一起前往纽约时代广场参加这次著名的影展。"喜林苑"资助了她们这次国际旅行，并与哥伦比亚大学的教授商议，为她们在哥大举办一次展映和交流活动。在纽约整个参展期间，"喜林苑"团队的两名生活导师一直全程陪伴在她们身边。

女孩们的父母很骄傲，也很牵挂她们。一周后，两个女孩安全降落大理机场，她们跳下飞机，投入了父母的怀抱。在一个长长的拥抱之后，我问她们："你们对美国的印象如何？"

她们看着我，表情又累又尴尬，回答说："我们从来不知道，美国原来这么穷。"

她们到访了世界上最迷人、最国际化的大都会——纽约，并与纽约青年电影节和哥伦比亚大学的一些最具创造力的年轻人分享了舞台。但她们印象最深的却是脏乱的公路和人行道，拥挤不堪又满是老鼠的地铁，无处不在的涂鸦，以及无家可归的流浪者。她们从电影和媒体中获得的美国印象，与她们在纽约的实际体验相去甚远。她们很高兴回到喜洲，我也是。

身穿白族传统服饰的沙恩与布莱斯
2005

娜拉与小镇日出　2020

通勤颂

每天清晨6：30，

我带着7岁的小狗

——娜拉，

悄悄走出宝成府

20世纪30年代风格的大门，

开始通勤之旅。

绕过占地6亩的宅院，

百年沧桑的夯土墙，

仿佛摩尔人的城堡壁垒，

我向八旬的杨老太道早安。

她常坐在路边，

和几个神气十足、

穿着橙色制服的

喜洲环卫工人聊天，

粗麻编织垫保护他们免受鹅卵石寒气和腹泻的侵扰，

据说寒气会顺着没有保护的臀部向上蔓延至腰腹。

东行至派出所停车场，

10年前我们在此

举行了第一次乡村圣诞庆典。

那里经常传出

打破宁静的社区公告，

声音从苍山东坡顺风而下，

如同700年前

进入洱海地区的蒙古部落。

经过杜老先生的宅院，

藏宝室里堆满了

元明清时期的古董，

包括喜洲古城墙的大部分砖瓦。

沿着狭窄的小巷，

一路如波涛起伏的飞檐瓦当，

穿过充满活力的商市街

——喜洲的王府井，

来到热闹的传统早市，

不得不婉拒

三轮车载的免费早点：

竹蒸笼层层叠叠，

里面装满早餐包。

在窄巷中

被流星一样转瞬即逝的火焰

所温暖。

匆匆经过一两只

似乎永远怀孕的狗，

即使多年以后

它们看到娜拉，

仍然咆哮亢奋，

保护着

变幻莫测的领地，

它们一定羡慕娜拉

修长的身材。

绕开迷人的大界巷，

有位70岁的设计师、陶器商、绣花鞋店老板，

每当有顾客对商品感兴趣，

她就把顾客请到理发椅上，

不到十块钱理次发。

到达四方街主广场，

木雕和石牌楼

铭刻着古镇的重要乡贤，

并将在桌子和长凳上洒下阴凉。

这里是杨、赵、董三位老先生

世代的家。

他们愿与每位造访者

分享

喜洲过去的故事。

可以遮阳避雨的阳雨篷，

在古镇似乎并不"合法"，

一旦城管巡查

成为遥远的记忆，

它们总会

再次

在店铺门前

悄然出现。

继续向东，

散步，

经过没开张的粑粑店，

一种香甜可口的扁面包

——喜洲比萨饼，

每个5到10元，

每天卖出300多个，

每月体积都在"缩水"。

沿东边小路

下坡。

这里曾承载着

马帮的足迹，

那是喜洲许多家族的财富之源。

运送茶叶、棉花和丝绸的商队

从滇南前往西藏，

向神圣的鸡足山

层峦叠嶂的山峰

进发。

那里曾是

飞虎队的"希望航标",

"二战"中

美国飞行员

从印度东部飞往昆明

运送作战物资,

援华抗日!

穿过喜洲最著名的

十字路口,

有座半圆形走马转角楼。

现在已成为背景,

每天迎接

成百上千张

华丽的结婚照。

勇敢迎着

从肥沃田野向东

弥散开的

潮湿阴凉,

走近"喜林苑",

这座建筑杰作

飘浮在

绿色、金色的

油菜花和稻浪之间，

景致随四时而变。

最后，

步入我们的家，

一个鼓舞人心

令人永远谦卑的空间。

800米、

1 000步（娜拉可能更多），

几千年的历史，

说不尽的沧桑，

永远不会厌倦的日常，

天堂般的通勤之旅。

18 旅程的经验教训及对未来的期许

一个国家的文化，根植于人民的内心和灵魂中。

——圣雄甘地（玛哈特玛·甘地）

在20世纪早期的畅销书《舆论》（*Public Opinion*）中，美国作家、政治评论家沃尔特·李普曼（Walter Lippmann）认为："真实的外部环境过于庞大、复杂、变化无常，以致我们很难直接获得全部真相。"现代人希望为社会所用，表现得见多识广，退避到一种选择性的真实——"拟态环境"，即一种对世界主观且有失偏颇的简单解读中。媒介通过对信息的选择性输入与强调，塑造了我们与所处世界——自我创造的"象征性现实"之间的互动方式。

与中国35年的交往，帮我形成了关于中国"拟态环境"的个人理解，尽管我从这些经历中得出的结论常被证明是错误的。这些误解是正常和良性互动的表现，也促使我不断调整对中国的认识。

然而，在中西方互动的关键节点，西方对中国的看法却正日趋僵化。选择性报道和道貌岸然的傲慢塑造了外部世界对中国的看法。而我的故事代表了另一种声音。

　　的确，我在这里受到的尊重和热情款待影响了我对中国的感受，但我的观点并非来自"信息孤岛"。我曾在世界上100多个国家旅行和工作，最终选择了中国作为我的家。

　　子曰："有朋自远方来，不亦说乎。"儒家文化使所有远道而来的客人都受到相应的尊重，这种尊重有时甚至超过了我们在美国的身份地位。中国让我们觉得自己好像是名人，我们中很多人利用这种受之有愧的认可来定义中国，他们甚至从未离开过北京或上海的西方人舒适区。

　　抱着对既有价值观的道德优越感来到中国，某种意义上就拒绝了学习中国悠久历史和传统文化的难得机遇。西方世界对后启蒙时代的价值观非常自信，以致难以接受来自其他文明的挑战，尤其是价值观有时与西方不甚匹配的国家。我们过于注重差异，特别是消极层面，却对中西方无数相似之处视而不见。我们无法就所有个体应如何生活得出一个统一答案。我对中国的预言经常被证明是错的，这让我保持谦卑。然而，这些误解并没有使我远离中国，反而鼓励我更深入地探究我们彼此之间的分歧。

　　以赛亚·柏林[1]在短篇小说《刺猬与狐狸》（*The Hedgehog*

1　以赛亚·柏林（Isaiah Berlin）：自由主义最强大的捍卫者之一，思想史上最重要的历史学家。——作者注

and The Fox）中，阐述了希腊诗人阿尔基洛科斯（Archilochus）的思想："狐狸广博，但刺猬精深。"柏林认为，狐狸对多元观念持开放态度，根据不同的时间和地点采用不同的答案。刺猬则是一个伟大的理论思想家，就像古希腊的一元论者，坚持一种独特的视野。

我比较认同狐狸。尽管柏林后来开玩笑说，他从来没打算认真对待他的二分法。但我相信，仅凭一句格言，一种对世界的单一看法，无法获得人类经验和价值观的多样性。这句话在探讨未来中国到底是朋友还是对手时最为适用。

当全世界都在批评我的第二故乡时，中国街头治安稳定，医疗费用可以承受，乡邻把孩子们送进有政府补贴的大学读书，乐观主义无处不在。政府主导的国家基础设施不断完善，包括世界应用最广泛的高速铁路网，这激励着我们所有人。我的乡村伙伴们经济状况不断改善，生活日益富裕，还有20年前难以想象的政治和知识上的开放。

中文"自由"一词认为，个体自由与他／她的理性或更大的整体目标相关，换句话说，与整个社会相关。这种自由从集体视角出发，并未脱离社会存在的具体现实。中国文化崇尚家庭、尊重长辈、重视教育，中国人从这些关系中获得象征性的价值和目标。在中国，个体特征与共同的社会操守密不可分。

中文中的"自私"一词，与"自由"的第一个字都是"自我"的"自"字，并且第二个字"私"也表示"自我"。其含义显而易见——过多的自我。我们西方人在追求个人主义和自我认同的过程中，已经忘记了更大的整体。我们赞扬思想的多样性，却不愿接受相反的观点。我们忘记了每个人都生活在社会之中，每个个体的生存都取决于其身处的社会结构。

中国和西方都渴望社会和谐。但是，西方在歌颂个人主义的同时，淡化了对社会整体的关注。中国也重视自由和个人价值，但并不以牺牲社会团结为代价。中西方用同样的色彩来描绘社会图景，但我们却强调一个比另一个更重要。西方过于强调言论或行动的自由，而非犯罪、贫困或负担得起医疗保健的自由。在亚洲，人们通过理解自身与他人的关系来认识自己。在我看来两种方法各有千秋，却很少有亚洲以外的国家愿意尝试理解和欣赏这些差异。

我不能从一个单一的，适用于所有人的角度来看待世界。价值观并非不言而喻的真理，而是在特定时期创造的共同体和文化。中国有5 000多年具有开创性的价值观，如果西方像刺猬一样过于自信和固执地批判这些传统，则注定会在外交上失败。

那些以刺猬视角看待中国的人，无法完全理解中国经济奇迹背后的巨大勇气。我认同这种勇气，它帮助我在竞技场上公平竞争。相比我在斯坦福的同学，我觉得中国人更有亲和力。早年与那些同学的交往并没有将我同化，反而让我更加珍惜自己自力更生的价值观。如果西方继续呼吁中国改变，中国也会"以其人之道，还治其人之身"。我在两者之间看到了相似之处。

19世纪末，鲁德亚德·吉卜林（Rudyard Kipling）赞扬了美国向亚洲的扩张，称美国有责任照亮世界上仍处于黑暗中的各个角落。他在《白人的负担》一书中宣称，教育和改造非白人国家是西方文明的道德与责任。

在过去的35年里，我亲眼见证了中国如何建立起它在地缘政治上的重要性和实力地位。吉卜林笔下的"白人的负担"精神，在今天仍然和他那个时代一样令人迷惑。西方世界应该正视中国的存在，而不是按照西方的臆想与中国互动。可能中西方并不总是意见一致，但是不断试图劝服对方可能永远无法彻底解决中美两国的世界观差异。

最终，我们只有认识到中国独特的历史、文化和社会挑战时，才能开始超越我们的"拟态环境"，理解互利互惠、合作共赢的必要性。让我们以开放和务实的态度来应对这些分歧，做一只开放包容的狐狸，而非一只固执短视的刺猬，这样我们与中国的交往才能走得更远。

建议：

与中国交往近40年后，我从第二故乡获得了很多灵感和期望。以下思考建立在对中国全然尊重的基础上，虽然这些愿景来自一个理想主义的"老外"：

1. 中国的文化遗产是全人类共有的文化瑰宝。在思考如何开发中国文化资源时，我们必须谨慎行事。我们经常草率地追求人造的矫饰，以期为本地社区带来立竿见影的直接利益。尽管所有地区全面发展是一个崇高的目标，但如果我们有更多的耐心和更好的规划，从可持续发展的角度制订长远解决方案，突出每个地区有形和无形的文化资源，而不必改变文化的"在地性"以迎合游客品位的反复无常，当地文化就受到保护与尊重。有思考力的游客希望体验真实的在地文化，而不想改变当地人的行为和生活方式，刻意迎合难以调和的外部标准。

文化产业应以非政府组织（NGO）为核心，以企业的长期发展意识为辅助来开展工作，并应更多强调前者的重要性。文化企业家们经常关注资源的变现，用虚假的真诚来掩盖他们真正的动机（资本的逐利性）。这类策略只允许有限的经济利益流向项目所在地的社区，很少能确保文化资源得到有针对性的保护和可持续开发。

在中国，许多商人认为承担社会责任是政府的职责，企业应专注于利润的最大化，不应受任何社会问题的影响。美国很多经济学家，尤其是芝加哥大学的经济学教授米尔顿·弗里德曼非常支持这一观点，他认为社会责任的概念对一个国家的（自由市场）经济具有高度的破坏性。35年来，中国商界一直受弗里德曼的价值观影响。现在是时候摆脱这种错误的二分法，逐步将社会责任纳入社会企业的使命。"慈善"一词在拉丁语中的意思是"爱"，它应该在健全的社会中占有一席之地。我指的不是那种表面化的只让捐赠者的品牌和声誉受益，而与受赠者关系不大的伪"慈善"。

2. 建筑遗产影响着每一个人。我们无法回避构成我们社区有机整体的建筑。在这方面，建筑代表了人类最具包容性的共同文化体验之一。我们可以不阅读海明威，不听巴赫，甚至不欣赏毕加索的画作，但无法对构成社区发展环境的建筑视而不见。

因此我们必须认识到，非本土建筑对社区和社会结构带来的负面影响。正如建筑学家保罗·戈德伯格（Paul Goldberger）所言："建筑的建造与其注入我们情感反应中的知识密切相关。建筑既可以让我们感受，也可以让我们思考。当头顶上的建筑给我们带来喜悦、悲伤、困惑和敬畏感时，它就开始起作用了。而展示宁静、兴奋甚至恐惧时，它就变得越发重要。建筑无疑是我们社区理念最伟大的物质象征。"

19世纪的英国学者约翰·拉斯金（John Ruskin）认为，几个世纪以来的古老建筑是美的最佳体现。他认为："建筑最大的荣耀不在于它的石材，也不在于它用黄金打造。它的荣耀属于它的时代。"对拉斯金来说，建筑之美应该能延续几个世纪，成为我们共同智慧和传统的纪念碑。

美国并没有遵循这一路径。事实上，建筑保护是非常不美国化的，美利坚合众国的立国神话，建立在边疆为美国提供无限领土和资源的观念之上。我们用尽了东部资源，就向西部扩张。我们的目标是通过城市化扩张来征服和重新占领自然。只有发现太平洋沿岸已无土地可扩张时，我们才觉察到危机。

简·雅各布斯（Jane Jacobs）等学者认为，古老的历史建筑是居民的地方感和社区感的宝贵来源。雅各布斯在1961年出版了一本颇具影响力的著作《美国大城市的死与生》（*The Death and Life of Great American Cities*）。这些建筑的保存使得社区的社会结构得以留存。社区从周边的建筑遗产中得到了慰藉。

我担心中国更倾向于学习19世纪美国的做法，而不是拉斯金和雅各布斯的理念。中国用大量的闲置资金，取代了美国的资本扩张和无尽的增长潜力。我们正在改变自然景观，因为不断增长的财富提供了无限的资源与扩张需求。周围环境的变化，使我们难以对任何事物产生情感依恋，除了新的、时髦的东西。一个项目失败了，会有更多资本去追逐其他项目。我们犯下的错误依然存在，并困扰了物质现实环境几十年。

物质世界似乎已不再遵循构成中国社会基础的儒家法则。孔子在不断变化的世界中寻求稳定，他认为一个有道德的人应该理解并接受自己在社会中的地位。人只有在与外部世界的关系中才能被识别。按照孔子的观点，我们都有责任在社会等级制度中扮演好自己的角色。我们正越来越远离这些文化准则，进而失去了作为中国人的文化特质。

有些学者认为，中国人生而为中国人——是龙的传人。他们像柏拉图和亚里士多德一样坚信，其作为中国人的本质先于自身存在。然而我担心的是，我们将自身的文化精髓视为理所当然，其实是在冒险。我相信存在先于本质，我们每个人不过是对所处社会环境的反应。我们必须去发现我们的本质，包括我们的"中国性"。

中国的自然环境变化如此之快，以至于我们难以在这个新社会中认清自己。我们以为这种发展进化是有益的，但恰恰相反，它把我们从自身的文化原型中剥离出来，让我们在各种随机性的风尚基础上重塑自我。脱离了文化原型和建筑实体的提醒，我们注定只能从变幻莫测的社会潮流中汲取自身的本质。

物理修复已经成为我们每个项目不可或缺的一部分。梁思成认为："对各个时期的文物建筑，我们都有责任进行重修与维护……尽可能地延续其生命。"我也非常赞同这一观点。整个世界都应该保护和修复人类的建筑文化遗产，它是我们的"乡愁"与归属感所在，是我们精神场域的守护者。我希望利用有形的伟大，来唤起人们对各地区社会文化资源的敬意。梁思成再次申明：

　　　　"建筑是社会的缩影，更是民族文化的象征，
　　　　但它不属于单一的国家或民族。
　　　　它是整个人类智慧的结晶。"

林登主持电视片《江河情缘》(《人民日报》) 2020

3．提高对驻旅游地招商引资企业的要求。例如，地方政府应颁布一项规定，要求酒店每间客房至少配备一到两名本地员工。这项规定将重新平衡招商引资企业对本地社区的投资，并有助于摆脱目前只重视豪华硬件、非本地化设计和各种花哨噱头的商业模式，所有这些在几年内就会被不可避免地淘汰。我们需要保护本地社区的在地性。它们才是每个地区文化旅游产业的灵魂。

在亚洲许多地区，存在于街道、建筑景观周边的社会生活，比建筑实体本身更能准确反映本地社区的文化。食品摊、小商贩和购物者经常聚集在这些建筑物前，在这样的社会语境中，文化活力仍显而易见。然而在中国，我们却经常把这种市井的活力从社会生活中剔除，使得林立的建筑赤裸裸地呈现在人群面前。如果没有这些活跃在周边社会环境的人，建筑物就会暴露出自身的不协调。浮华的设计成为追求关注和声望的范式。与过去的联结，无论是对社会还是个体而言，都变得无足轻重。

中国原有的文化非常经典，永远会吸引经验丰富的旅行者。威尼斯、佛罗伦萨、巴黎和圣达菲等热门旅游地，依托其自身的文化完整性而成为旅游业的成功典范。游客去这些城市旅行，并非为了体验如同自己家般的舒适感，而是为了感受前人令人惊叹的艺术成就。这些旅游胜地的许多酒店，都坐落在拥有数百年历史的古老建筑里，通常窗户不大，管道也陈旧，我们很难真正将之称为豪华舒适。相反，这些酒店的"奢华"体现在描绘另一个与今时迥异的时空的能力上。到访这些地方的旅行者，会欣然接受偶尔的不适，而不是仅仅寻求奢侈的体验。

德国哲学家海德格尔在《存在与时间》中提出了"烦"（sorge）的概念（因为要与世界打交道，就难免劳神）。这个概念要求我们在整个"存在"（Da-sein）的过程中，融入诸如管理和可持续性等价值观念。通过追求这些价值，我们也将看到人的存在与环境密不可分；我们的进化只有通过理解自身与周围万物的共生关系才能发生。

4．鼓励当地人分享他们对社区未来的希望和担忧。中国政府已经建立了这样的讨论平台，我也经常参与其中，但企业经常想尽办法回避相应的建议。

旅游产业的发展舞台远非一幅空白的画布，而是建立在数百年甚至数千年的历史文化和社会环境的基础上。如果不能把当地人民的欲望和需求纳入发展模式，将会导致没有灵魂的表象和社区的分崩离析。

有学者分析了"喜林苑"的发展模式。比如加里·席格伦（Gary Sigley），以我为研究对象，总结了我建立联盟、明确任务、调配资源以及适应持续谈判需要的能力。正如席格伦所说："林登是'模范外国人'的一个典型案例，他提醒我们，在文化遗产行动主义领域，我们不应假设'行动主义者'总是一个民族或国家的主体，或者'行动主义'必然表现为一种对国家公开抵抗的形态。"

诚然，我一直有意识地在中国体制内尝试处理边缘问题，避免直接面对土地所有权和签证等往往不明确的问题，努力将我的价值观与中国的价值观相融合。这种尝试需要耐心和毅力，但它可以带来实质性的长期变化。这种改变通常接受面更广，因为它是为应对现有挑战而产生的。

现在，我通过分析和研究每个社区的愿景和需求来处理潜在的项目。尤其是，我避开了已经成熟的旅游市场，因为在那里我们的模式几乎没什么社会影响。相反，我关注那些旅游业刚刚起步需要帮助和领导力的社区。政府合作伙伴也承认，我们项目的无形资产，如文化自豪感以及对当地就业机会的贡献，比大型游泳池和浴缸等很少有人使用的硬件更重要。我投入更多的时间和精力，研究和促进周边社区的信任，而不是寻找最新流行的短命而老套的设计。

这与20世纪90年代以来的典型路径形成了鲜明对比。随着当时中国旅游业的爆炸式增长，商人们离开沿海地区，去复制大城市里的"老城区"和典型的时尚酒店。他们的目标通常是短期收益，很少关注其发展造成的对环境、社会和文化的破坏。房地产公司推动了许多此类项目。作为建造豪华酒店或修复古老村庄的回报，开发商获得了大片土地，他们将在这些土地上建造别墅或公寓等房地产项目。

"喜林苑"珍视历史建筑，我们对这些建筑的精心修复和重新利用，提升了当地人的文化自豪感。"修旧如旧"的确会花费更多的时间和金钱，而且永远难以复制中国五星级酒店的奢华。然而，我愿意接受修复过程中的无数挑战，这足以显示我对这个村落及其文化遗产的承诺。我不会为迎合城市旅游市场而改变本地文化，村民们为此感到骄傲。"喜林苑"的街坊邻里是我们在地项目的基础，他们与我共存共荣，而非形同陌路。如果他们成功了，我和"喜林苑"也就成功了，这种成功不仅仅意味着经济效益，还包括社会效益。

这种创造性的商业模式，使我能够以3∶1的员工与客房比来创造就业机会。然而，仅有工作是不够的，我一直不断努力为社会作出更多贡献。我没有接受私人投资，而是与重视"喜林苑"使命的地方政府合作。作为回报，他们帮助"喜林苑"在没有压力的情况下迅速成长，同时帮我们获得财务收益的最大化。地方政府的投资给了我时间来完善"喜林苑"的发展模式，在社会影响层面不断尝试，并发展成一个更具可持续性的社会企业。

耐心是文化旅游业取得长久成功的必要条件。中国不应放弃对土地的崇敬。中国的地方感根植于农村地区，中国的软实力源自其自身悠久的历史文化，而不仅仅是看起来光鲜亮丽的新潮事物。尽管中国40年来的经济发展举世瞩目，但我认为，中国应该运用在其自身5 000年辉煌灿烂的历史中积淀的智慧和文化价值，自豪地与世界进行互动。

大多数中国人都会承认，中国并非一个完美的国家。但西方也不应该道貌岸然地指出中国面临的挑战，却拒绝承认中国已取得的令世界瞩目的社会和经济成就。我之所以选择在中国生活，是因为感到自己在这里的使命，或许能对世界上最重要的地缘政治关系——中美关系，产生微不足道的影响。只要中国人民欢迎我，我就会待在中国。

哲学家理查德·罗蒂（Richard Rorty）否定了关于语言、自我和社区观念的普遍性。罗蒂一直在质疑自己的观念——"终极词汇"（final vocabulary），因为认识到其他观念也可以同样具有效力和说服力。就像罗蒂笔下的"反讽者"一样，我永远不会将自己对中国的看法等同于"事实"本身，因为我完全理解说出来的观点可能很快改变，或被证明是可疑的。这就是多元主义的乐趣，即认识到我们对世界的解释无法脱离特定时间、地点以及所处的狭隘文化参数而独立存在，我们无法就所有生命应该如何生活做出一个简单的推论。即使我每时每刻都生活在这个国家，我对这个国家的预判也经常被事实推翻，这让我保持敬畏与谦卑。这些误解并没有让我远离中国，反而鼓励我进一步深入思考和探究彼此之间的共性与差异。

我常常觉得自己像西西弗斯一样，每天都努力将一块巨石推上山顶，但每次马上要成功时，某种无形之力就又让它滚落下来。中美两国的每日新闻常常演变成相互批评和琐碎的相互指责。我们希望中美两国之间能够保持友谊并彼此尊重。这正是我来到中国的原因，也将激励我在这里继续努力。世界不应忽视中国在40年改革开放中所表现出的积极因素。我们希望未来中美两国能够在求同存异的基础上建立务实的新型大国关系。

尼采认为，一个人应该树立崇高的理想和目标，并在追求这些目标时从容赴死。他知道"没有比为追求伟大的，甚至是不可能实现的理想而牺牲更好的人生目标了"。——中美两国是否可能实现长久的友谊与和平？我相信答案是肯定的，而且我毕生都致力于实现这一理想：这个美好愿景不但可能，而且为了地球的长远利益必须实现。我的故事本身，就是为使中美两国能团结友好所做出的努力。

19 破碎的天神与新家

> 拥有知识并不会抹杀好奇心和神秘感。
> 神秘之事总是层出不穷。
>
> ——阿娜伊斯·宁[1]

2010年，我带着一群游客来到喜洲以北10公里处的一座清代寺庙，"大理守护者"意外地进入了我们的生活。那天，寺庙的长老们正试图移走一尊三米高的"大黑天"神泥塑。五个老人费力地将支撑塑像的木架从祭坛后墙上分离出来，我们则在一旁看着干着急。

神像的躯干中藏着一根粗大的木杆，为泥塑提供了垂直支撑。另有更小的木板支撑着"大黑天"的数只手臂和肌肉发达的双腿。黏附在这具干燥木框架上的百年黏土原本就摇摇欲坠，随着人们的不断推拉，终于崩裂了。

作为寺庙中身材最高大的人，我跳上石祭坛想要帮忙。然

---

1 阿娜伊斯·宁：法裔美籍作家，代表作《情迷六月花》。——编者注

而还没等我帮上忙，"守护神"就发出了一声低沉的呻吟，接着裂成了两半。他的两条腿在臀部发出"咔嚓"的声音，然后跌落在地。神像的上半身岌岌可危地斜靠在祭坛的边缘。"喜林苑"的客人们冲过来帮我撑住雕像，防止它向前跌落。

接下来的一个小时里，我们使用了废弃腐烂的木梁来支撑泥像，这些木梁曾是屋顶的房梁。我们用绳子绑住"大黑天"残存的躯干，慢慢地将他放到临时搭建的石台上。当他安全地躺在地上时，我们互相碰拳庆祝，一些西方客人向长老们双手合十、鞠躬致意。我问他们怎样才能把这尊破损的泥塑重新放回祭坛。他们高兴地回答说，他们正想换掉这个旧版的"大黑天"，代之以一尊更五彩斑驳的新神像。他们把我带到寺庙后，一尊崭新闪亮的大理守护神正躺在齐腰高的杂草丛中。

在当时解救破碎天神的波罗塝下北登本主庙

302

我回到客人身边时，他们仍然在互相祝贺，就好像他们刚刚赢得了"超级碗"一样。我告诉他们，神庙原本就打算毁掉我们小心翼翼移走的神像。一位客人问，我们为什么不把泥像从神坛上推下，然后将残躯收集起来呢？

　　我对这段旧神像被毁的历史感到不安，便问那些长者，有没有什么办法可以把这尊塑像带到我们喜洲的老宅并进行修复。五位老人围坐在一张矮桌旁，喝着茶，嗑着瓜子，用本地的白族语争论起来。其中一个身穿毛式人民装[1]的老人声音最大，他兴致勃勃地来回指着祭坛……十分钟后，他们说如果我们愿意随缘捐赠一些善款，他们可以说服寺庙让我们带走"大黑天神"。又经过十分钟的讨论，没有人知道一个3米高的大理守护神究竟价值几何。于是，我捐了1 000元给寺庙。然后长老们就转身离开了，只剩下我和客人们杵在寺庙的院子里，看着一尊破碎的神像。

　　客人们看起来有些担忧。我本应该带领他们游览大理北部，而不是让他们去拯救一尊被遗弃的神。我告诉客人，我刚刚买下了"大黑天神"，需要把它运回10公里外的"喜林苑"。长老们让我尽快把塑像毁掉，最好当天就动手，因为新旧两个"大黑天神"不能同时出现在寺庙中。我问客人是愿意继续参观，还是愿意帮我将神像运回喜洲？客人们选择了后者。一位客人吹嘘道："我们还能在别的什么地方体验到在异国他乡拯救神的经历呢？"

1　人民装：改良中山装。——译者注

第一个任务是用旧房梁搭建一个临时的轮床。当我们把"大黑天"抬上去，仰面朝天的他看起来就像一场悲剧的受害者，一只胳膊松垮地挂在断裂的骨架上，两条腿已经散架，木支撑板从泥身中支出来，如同脱臼的腓骨。这两条腿每条重量足有100公斤。团队中的三个人帮助我把它们抬到寺庙前的土路上。"大黑天"剩下的完好部分仍有两米多高，重约600公斤。我们这群"初老族"绝对扛不动这么重的分量。

　　我打电话回喜洲，让"喜林苑"团队中最强壮的员工弄一辆平板马车，把它送到大理北部的寺庙。一小时后来了五个人，看到摆在他们面前的物体时大笑起来。我的团队知道我对老物件上瘾，但他们从未见过我带着"大黑天神"这么大个的东西回家。

　　等车的时候，我和客人们用绳子和干草加固了泥塑。我们五个人，马车夫和我小心翼翼地抱着"大黑天"躯干最完整的部分，将绳子滑到他身体下面。我们用八根三米长的杆子把"大黑天"架起来，然后将木杆钉在一起，做成一个不稳定的轮床。包括我和几位客人在内，我们总共十个人，抬着柱子的两端，把"大黑天"架出了庙门，运上了马车。"大黑天"仰面朝天躺在车上，马儿则心情复杂地看着我们用剩下的绳子将"大黑天"捆绑起来。

　　由于"大黑天"在马车上的位置很难保持稳定，我们又担心移动太快会进一步损坏泥塑，为保持车的平稳前行，我们决定不用马拉，而用人力辅助推车回去。我们十个人，每边各五人，再一次把马车引到了通往喜洲的路上。剩下的客人走在后面协助指挥交通，并为我们加油鼓劲。

私家车和公共汽车从我们身旁驶过。后者经常放慢速度，观看一群外国人推着一辆破旧的马拉板车，车上躺着一位瘸腿的天神。

卓然院的大黑天神

一些车辆在我们前方100米处停了下来。乘客们兴奋地跳下车，开始从各个角度拍照，有些人甚至加入我们，帮忙把"大黑天"推到他的新家。我们花了三个小时才终于把他"护送"到喜洲。因为我们的第一个老宅（杨品相宅）没有地方容纳"本境守护者"，所以我们将他从小巷中推到了我们的教育基地。我们相信，对致力于学习和分享的杨卓然院来说，他将是个完美的补充。

现在，"大黑天神"正俯瞰着卓然院的后花园。我们为他建造了一个有屋顶的小型祭坛。他的双腿已无法修复。我们把它们放在他躯干两侧的箱子里。

"大黑天"那凶神恶煞的外表，令许多游客望而却步。但是那些听过他故事的人都不由得对他肃然起敬。"大黑天"的自我牺牲精神，给了我们勇气和力量在喜马拉雅山脉经营好一家社会企业，并面对各种与之相关的持续挑战。

一些家人和朋友认为，我和瑾妮以及孩子们为了一种充满不确定性的生活牺牲了太多的安全与财富。身为一个父亲，我应该首先对我的家庭负责。相反，我却把"喜林苑"项目的不确定性，以及离开舒适区所面对的风险，看作是我们家庭的试验场。我想让我们的两个孩子看到他们父母为实现自身梦想而奋斗。孩子们面临过很多逆境，但他们因挫折的历练而变得更加坚强开明。我的妻子承担了很少有女人能够同时承担的责任——母亲、教师、商人、探险家和爱人。她在上述每个角色中都表现出色。

"大黑天神"迁到喜洲后没几天，我父亲就因帕金森症去世了。我和瑾妮去昆明机场接一群美国游客时，我接到了母亲的电话，得知了父亲去世的噩耗。这些客人中，有许多人是我们威斯康星州画廊的朋友和客户。我告诉瑾妮，我们不能让这个消息影响他们的旅程。

我母亲一直照顾父亲，直到他生命的尽头。她的愿望只不过是确保父亲最后的日子过得舒适、平静而没有痛苦。时至今日，她仍然会含泪思念那个陪伴她将近60年的男人。2017年，80岁的母亲在我两个儿子的陪同下，第一次飞越重洋。圣诞节前几天，她才抵达大理，下飞机的第一句话是："我成功了。"

随后的三个星期，"喜洲村长"的母亲一直住在大理。村民们用爱和支持，回应了这位因为无情的疾病而失去丈夫，又因为我加入了新部落而失去儿子的女性。中国收养了我，我后来生命中的许多快乐都源于中国和中国人民。母亲在喜洲和我们一起度过了三个星期，她终于理解了为什么我的生活现在已和中国密不可分。

柏拉图认为，人应该不断追求道德和精神上的自我完善，这应是场终身的修行。而亚里士多德认为，对于完美的追求或许应该止于中年，剩下的时间应该致力于消化已获得的经验教训。我是不是过着柏拉图式的生活，却忽略了与周围的人进行分享？或者因抱负太大而导致自恋？但丁把地狱的最底层留给了最讨厌的人，比如荷马笔下的英雄——奥德修斯，他的罪行是追求过多的知识，在死亡的边缘挣扎。

我是否也以牺牲最亲密的人为代价，来追求自我修养？

当一个人远离自己的家人时，时间会以一种超现实的方式流逝。岁月在所爱的人脸上刻下烙印（当然也包括自己），每次见面都成为一次新的相遇。面对这样难以承受的渴望，欲念甚至可能会减弱。父亲生命中最后五年，我缺席了他生命中的大部分时光。虽然每年夏天都会回家住上一两个月，但每当我和卧床不起的父亲、伤心不舍的母亲告别时，我坚守"喜林苑"的承诺就

会动摇。我知道每一次告别都可能成为永别。父亲去世后，我在
"大黑天"的故事中找到了慰藉。父亲为了母亲、姐姐和我牺牲
了很多。我希望他看到我追求梦想时会感到欣慰，而这个梦想正
是他预先嵌入我灵魂深处的。

以"大黑天神"为例，他愿意放弃天庭对他的期望，我相
信他的决定是正确的。大理因为他的牺牲而得以幸存和发展。我
们也希望，自己的榜样将继续促进中国和世界之间的友谊与交
流。这是一次充满挑战和回报、泪水与欢笑的冒险。然而，我们
永远不会改变寻乡之旅的目标，即成为我们的新"部落"——中
国人民中的一员。

后　记

世界上所有邪恶的真理也适用于瘟疫。

它帮助人们超越自我。

——《鼠疫》阿尔贝·加缪

　　古老的四方街空空荡荡，商铺大门紧闭，手机信号塔顶端飘扬着一幅红色标语，号召小镇居民齐心协力抗击病毒。几个喜洲村民坐在木凳上，口鼻都遮着衣物，只露出眼睛。我能辨认出个别村民，却看不出他们遮盖在衣物之下的表情是悲是喜。我对自己说，这不是我熟悉的第二故乡。我们小镇通常充斥着商贩、村民和游客的喧闹，然而今天的喜洲却平静异常。

　　新冠肺炎病毒暴发于猪年与鼠年之交。在中国传统观念中，鼠年常因易被灾病侵袭，而被认为是个多灾多难的年份。有些街坊邻里预感到鼠年疫情的变化无常，购买了佛教、道教的神像来保护自己和家人。这些神像现在被供奉于祖先的神龛上，为各家主人提供一丝慰藉，却似乎对我们当下的实际困境帮助不大。

中国农历新年是每年最热闹的时节。在中国农村，人们的听觉通常被偶尔的鸡鸣狗吠、爆竹轰鸣的共振、家庭团聚的欢声笑语，以及小淘气包们的嬉戏吵闹声所占据，听起来如同一曲温暖舒心的协奏曲。这是个充满祝福与希望的时刻。

今年则迥然不同。到处都张贴着勤洗手和禁止聚集的警示。从清晨到深夜，响亮的扬声器不断提醒人们佩戴口罩，如非必要不得外出。要想进入市场，必须先确认身份，查验健康码和过往出行记录，以及此次的购买需求。菜市场中的小商贩，大多是我十多年的朋友，现在却包裹得严严实实，以至于难以分辨，集市安静得令人心悸。

喜洲街道上经常喷洒消毒水。这种氯气混合物的气味淹没了一月底关门的喜洲粑粑店残存的香气。小巷中空空荡荡，狗和猫在鹅卵石铺就的小路上游荡，没有残羹冷炙，也看不到任何游客，它们哀怨地看着每一个路人，寻求施舍。鸽子和麻雀意兴阑珊地巡视着白族老宅优雅精致的飞檐。它们的出现曾带给人们很多欢乐，现在却仿佛在嘲弄着下面那些流浪小动物的凄凉。

尽管我们都在努力应对新冠肺炎疫情的影响，我相信所有人都在尽最大努力确保病毒得到有效防控，感染者得到合理照料。我钦佩成千上万的医务人员，放弃了与家人的团聚（中国的春节本应是与家中长辈共度的），他们冒着生命危险去帮助那些正经历苦痛的人。我只希望我们能做得更多。

过去的几周有一种超现实感。"喜林苑"原本挤满了欢度春节的客人，但是渐渐地，预定被取消，游客缩短了行程，交通也受到了管制。我们最后一位客人带着肘关节擦伤和脚踝扭伤离开，而不是朋友间依依惜别时的热情拥抱。走在小镇空荡荡的街道上，上个月的热闹氛围仿佛是一场梦。

即使在这场流行病所引发的孤寂中，仍然有古老的神灵在古镇游荡，这些灵魂见证了几个世纪以来的动荡变化和反复无常。他们的低语回荡在曲折蜿蜒的鹅卵石小路上，向那些路过并愿意倾听的人讲述着喜洲的过往。他们仿佛在提醒，一切苦难终会过去。在这些由泥土与石头筑成的古旧墙壁上，镌刻着古镇几个世纪的风霜记忆，从工业的污渍，到夏季的季风，再到人类活动的凿痕与斑驳。在新冠肺炎疫情之前，我几乎没有时间停下来仔细欣赏那些蚀刻在古老的乡村民居上，印刻在父老乡亲古铜色面庞上的微妙信息。此时此刻，这些故事所引发的共鸣更加清晰可辨，病毒带来的沉寂放大了一切细节。

我的故事就是在与这些古老的建筑和神灵的对谈中展开的。在恶毒的新冠肺炎疫情掩护下，没有硝烟的斗争回到了我们的村庄。这似乎是一个分享故事的绝佳时间，让一切得以顺其自然地回归正轨。37年前，我无法在世界地图上辨认出中国；而现在，我的身份已经与这个国家难以分割。我可以预见，自己的灵魂将永远漫步在喜洲的小路上。这里现在已经是我的家、我灵魂的归宿。

关于何处为家，北宋文学家苏东坡曾在一首词中做过最为贴切的描述："此心安处是吾乡。"在世界上最具传奇色彩的文化地带——喜马拉雅山系南麓延伸带，我揭开了灵感与阐释的面纱。我的"此心安处"，从我到达的那一刻起，就再也没有离开过这里。

从许多方面来讲，这本书是一封情书，写给每天都在冲击和激励我的中国文化。卢梭曾说："若想写好一封情书，应当从不知自己想说什么开始，到不知自己写了什么结束。"这封情书以故事和情感开篇。不同于卢梭最后的遗书，我希望这本书充分反映了我对第二故乡中国的深情。

空无一人的喜洲（四方街）广场

老广场上戴口罩的小镇村民

转角楼

鸣　谢

　　中国有句谚语："摸着石头过河。"我的生活始终处在一块石头摸索到另一块石头的状态，远处的河岸似乎总是遥不可及。这种探索带来了人生的不确定性，也激发了我的勇气与抗争，成就一场天马行空的探索之旅。深知很多事情要做，很多东西要学，我始终保持前进。很多人在高中或大学毕业后就停滞了学习，陷入由空洞的舒适与虚假安全感造成的诱惑中。

　　我漂泊的人生之旅起航于停靠了21年的家庭港湾。这种安全感建立在父亲唐纳德（Donald）和母亲卡罗尔（Carole）坚定不移的爱，以及妹妹凯伦（Karen）暖心支持的基础上。离开"家"这个温暖的港湾是（我所作出过的）最艰难的选择。我永远感激家人给我的勇气，让我拥有更远大的梦想，即使这个梦想使我远离他们的怀抱。

　　1987年，在南京大学篮球场的一场比赛中，我迈出了跨越障碍的第一步。那天，瑾妮走进了我的生活，从此再未离开。时至今日，她仍然是我的梦中情人：我最好的朋友、知己，以及精力不竭的商业伙伴。同时，她还是一个慈爱尽职的母亲。遇见瑾妮之后，每一块石头都是我们一起携手抵达的。我们仍然摸着石头历经人生这场冒险，充满信心与好奇。

我们的两个儿子，沙恩（林峰）和布莱斯（林源），以超强的适应能力和韧性，接受了非传统的成长方式。尽管我和瑾妮谦逊地说，是我们在家里教他们读完了高中，但实际上他们是自学成才。这两个孩子在成长的过程中，也向我们传授了很多智慧。直到今天，我和瑾妮仍不断地从他们身上学习。

我妻子的父母关沾安（Jim Quan）和谢美爱（Amoena Quan），她的姐姐以及家人们从未动摇过对我们的支持。虽然我一直无法完整表达自己想要实现的人生目标，但他们还是把亲爱的女儿／姐妹托付给了我。直至今日，我们仍在特立独行地探索。无论顺境还是逆境，他们的鼓励都一直促使我们不断前进。

"喜林苑"落成的第一块基石来自一位才华横溢、亲切优雅的年轻女性——唐蕾。这个来自昆明的女子于2005年加入了我们，正是她和她的父母、叔叔帮助说服政府将国家文化遗产委托给我们。唐蕾和她的家人一起，努力确保我和瑾妮在社交和经济上得到保护和照顾。没有他们的帮助，就不会有"喜林苑"的存在。

翁彦俊和他在景德镇的家人，杨龙、杨扬，艾德里安·戈洛比奇（Adrian Golbic）、彼得·格里芬（Peter Griffin）、梅根·德诺（Megan Denault）和玛莎·哈钦森（Martha Hutchinson），这些朋友们被我们美丽的愿景所打动，为我们的家庭稳定和"喜林苑"的发展做出了贡献。他们在工作上表现专业，在闲暇时也是我们最好的朋友。

"喜林苑"的使命在更多理想主义的团队成员加盟后发生了

变化。2014年，牟玉江加入了我们的核心团队。他出生在大理，求学于上海（同济大学），后毕业于加州大学伯克利分校的城市规划硕士专业。玉江的妻子吴梦茜是一位天才建筑师，也毕业于加州大学伯克利分校。作为新一代中国企业家，他们非常适合"喜林苑"（的发展理念）。玉江放弃了攻读芝加哥大学博士学位的机会，成为我和瑾妮最信任的合作伙伴。我们早年的朋友和运营官——和彦聪（Frank He），与"喜林苑"曾经的一个美国客人——杰西卡·斯泰顿（Jessica Stayton）结为连理。弗兰克（和彦聪）来自一个白族小山村，是"喜林苑"最好的（民间）文化大使。我们的两个儿子在弗兰克和杰西卡的婚礼上担任伴郎，沙恩参加了美国的典礼，布莱斯则参加了云南的喜宴。已故的克雷格·伊文斯（Craig Evans）帮我们完善了酒店管理制度，让我们能够进一步扩展。季迈柯（Michael C. Keefrider）和吴永山（Vincent Ng）也作为团队成员加入"喜林苑"，为我们与客人的互动注入温暖与真诚。（本地修复团队的管理者）杨文标协助我们完成了喜洲三个建筑遗产的全部修复工作，至今仍是我们最亲密的朋友之一。我同样要感谢云南法阳律师事务所的李庆律师，他妥善地协助我们解决了诸多问题，让我们始终确保合规。

我们还受益于美国院校及相关机构的合作伙伴，如"普林斯顿在亚洲"（Princeton in Asia），南京大学-约翰斯·霍普金斯大学中美文化研究中心（Hopkins Nanjing Center），西德威尔友谊中学（Sidwell Friends）和充满活力的夫妻团队约翰·弗劳尔（John Flower）和帕梅拉·伦纳德（Pamela Leonard），上海美国学校（Shanghai American School）及其同样才华横溢、充满激情的夫妻团队克雷格·塔菲尔（Craig Tafel）和海萨姆·梅（HaiSam Mai）。

威斯康星州林登画廊的朋友和客户们也激励我们在中国继续"喜林苑"项目。我们在中国期间，他们为维持画廊的运作承担更多的责任。特别感谢林恩·奥尔森（Lynn Olson）、德西蕾·布洛姆斯塔德（Desiree Bromstad）、艾琳·莱林（Erin Leline）、彼得·塞斯拉（Peter Ciesla）、金姆·菲茨杰拉德（Kim Fitzgerald）、洛里·约翰逊（Lori Johnson）、朱莉·沃巴赫（Julie Wombacher）、曾丽冰……我们在中国时，他们和其他朋友们一起协助维护林登画廊的运营。

辛露、俞泓嘉、句国栋为本书的翻译贡献了宝贵的心力。译者辛露花费了无数时间来查证相关资料，并翻译我那些过于繁复的英文书稿。在写作过程中，辛露和泓嘉给了我很多宝贵的建议。我永远感激他们的耐心和热情。

在英语写作中，我受益于阿比盖尔·弗里德兰（Abigail Friedland）、傅瞰、韩博晨和特尔扎·贝克尔（Terzah Becker）的投入。前两位给了我的写作过程很多启迪，后者则协助我完善英文的定稿。

在这里，我还想感谢我们的政府合作伙伴，大理州人民政府、喜洲镇人民政府、大理古镇开发有限公司和大理市文化（和旅游）局，感谢他们给我们的故事一个开始的机会。这些伙伴关系是建立在信任和尊重的基础上。我们在他们的支持和鼓励下自信前进。

中信出版集团及其团队一直都十分出色。我们很荣幸能与中信出版·大方合作，希望这是我们合作的众多书籍中的第一本！

最后，我和瑾妮、沙恩、布莱斯想感谢我们一家人的邻居、朋友，还有"喜林苑"团队，感谢他们把喜洲作为自己的家。我们选择喜洲作为"喜林苑"的起点，是因为这里的人民非常包容，他们对生活永远充满热情。我们很荣幸成为喜洲人，希望我们的余生也能够在这个充满魅力的中国古镇度过。感谢亲爱的读者，和我一起走过这段旅程，我们的跨文化之旅还远远没有结束。意识到未完的旅途只会给我们带来欢乐和期待。希望你们能继续与我们全家和朋友们一起，享受这次无与伦比的旅程！